その話し方が
クレームを生む

小林作都子

日経ビジネス人文庫

文庫化にあたって

2005年6月に単行本『その話し方がクレームを生む』を出版しました。出版後、マスコミ関係の方々から「サイレントクレーマーの存在に興味を持った」という取材や問い合わせが数多く寄せられました。〝クレーマー＝激しく怒る人、法外な要求をしてくる人〟というイメージがあったようで、文句を言わず、黙って、嫌な応対をした売場や店、企業から離れていくサイレントクレーマーの存在が目新しかったようです。

本書でふれますが、不満を持ったお客様のうち、申し出る人はわずか4％で、87％は何も言わずに二度と来店せず、9％は黙ってしかたなく利用しているという調査結果があります。

筆者がクレームについてのセミナーの講師をすると、最近は福祉関係の方の参加が目をひきます。介護施設の入所者は、職員の対応に不満があっても、そこから出ることが容易ではないため、しかたなく利用しています。しかしその不満は施設の雰囲気に如実に表れ、入所を検討する人が見学に訪れると、心地悪い印象を持つそうです。

サイレントクレーマーは企業の命運を握っています。彼らをつくらないためにはどのような応対をしたらよいのかを、本書で検討されることを筆者は望みます。

２００８年発表の国民生活動向調査によると、1年間に商品やサービスに対して「不満・被害があった」人は43・4％で、単行本掲載データ（２００５年発表）よりも2ポイント弱増加しました。

増加の要因はさまざまに考えられますが、一つにはモンスターカスタマーの出現があります。

「マンションの上の階から水漏れがあり、大好きなマンガ本が水浸しになった。賠償金を損害保険会社へ要求しているのに支払ってもらえない」

「買った商品を小売店のトイレに忘れたので、探しに戻ったがなかった。店の中で紛失したものは、店に弁償責任があるのに、どんなに強く店員へ言っても弁償してくれない」

などと、今までの常識では考えられない不満を持つお客様が存在するようになりました。

彼らがこのようなことを申し立てたときは、熟練の応対者でも思わず冷静さを欠いてしまいそうになります。そのようなときこそ、モンスターに食べられないように、

本書が説く3つの能力、
「情動知覚と調整の能力」…自分の感情を知り、適正な状態にコントロールする能力
「他者の感情認知能力」……相手の考えや気持ちを理解し、共感する能力
「対人関係能力」…………自分の考えや気持ちを適切かつ効果的に相手へ伝え、働きかける能力
を高めることが重要です。166~180ページに記載していますので、ぜひ習得しましょう。

一方、モンスターカスタマーが現れたのと時を同じくして、モンスター応対者も登場しました。

お客様からの質問に対して「知りません」ときっぱり答えて終わりにするような、プロとして恥ずかしいことを堂々と行う応対者を見かけます。単行本を出版したときに「部署で回覧して勉強しました」という読者の声をいただきましたが、文庫本は単行本に比べて、コンパクトで価格も安くなっています。ぜひモンスター応対者へは、回覧ではなく1冊渡して、勉強するようにお伝えくだされればと思います。

なお、本書で言いたいことはわかった、しかしその前段階として、話し方そのものの基礎を知りたい、という要望をお持ちでしたら、拙著『そのバイト語はやめなさい』

を、おすすめします。敬語を中心に、印象が良いビジネスパーソンになるための話し方が学べます。こちらも日経ビジネス人文庫から出ております。

最近は優秀な応対者とダメダメ応対者の二極化が、より一層進んでいます。ぜひみなさまは本書を活用して、優秀な応対者になられることを筆者は願っております。

小林作都子

2009年5月

はじめに

応対の仕事は、多数のお客様の個性と接するので、お互いの間にさまざまな思いが生まれます。お客様は、応対者が気分よく快調に仕事をしているときも、忙しくて体の周りにバリケードをつくりたいときも関係なく、声をかけてきます。時にはお客様の自己中心的な振る舞いやゴリ押し要求に腹立たしい思いをし、仕事を続ける気持ちが萎《な》えたりします。しかしお客様から「ありがとう」の一言をもらうと、うれしくなり疲れもふきとびます。これが応対の仕事をしていてよかったと思う瞬間です。

このよかったと思う瞬間は、応対者の気持ちの持ち方と言葉で増やすことができます。すると仕事も楽しくなってきます。仕事を楽しむにはどうしたらよいかを、本書で一緒に考えてみましょう。

本書の主題は、いわゆる〝クレーム対応〟のノウハウではありません。日常的な応対の中でクレームを生まない、もし生まれても大きくしないための応対テクニックについてです。

応対の第一歩は、お客様を知ることです。応対者としてふだん、お客様の気持ちを考えて行動していますか。お客様の気持ちをどのくらいわかっていますか。

完璧！　という人は少ないと思います。そこで2章に応対を受けてキレたお客様の声を紹介しました。みなさまは「応対者の一言」をお客様の気持ちになって、なぜキレたかを推測してみましょう。またお客様が感動した応対を3章に紹介しました。お客様の喜びを一緒に体験して、「キレた」と「感動した」を分ける応対者の気持ちの違い、言葉の差を考えてみましょう。

お客様の「嫌な思い」は、応対者の「言葉」に斬られてできます。

●○○してほしいと頼んだのに、「できません」と一言でバッサリ断られた。
●言葉の意味がわからず聞き返したら、「他にわかる人いませんか」とバカにされた。
●迷惑をかけられたのに、詫びの言葉がなかった。
●質問をしたら、「あなた頭悪い」とキレられた。
●声をかけたのに無視された。

これらの斬られた傷がクレームを生み出します。これがのちに会社全体を揺るがすような大クレームに発展する可能性もあります。このようなお客様斬りを、知らぬ間にみなさまもしているかもしれません。人間、自分のことには気づきにくいものです。お客様の気持ちを体験したら、自分の心の状態を4章で客観的に観察してみましょう。自分の強み、弱みを知ると、大きく成長できます。自分の強みを伸ばし弱みを補強して、お客様の気持ちに共感した応対をすると、自然に相手に感動を生み出すような言葉や態度が生まれます。

応対者が気持ちよく接すると、お客様も応対者に気持ちよく応じてくださいます。そんな環境は、自らの「一言」で創り出せます。捨てる「一言」、身に付ける「一言」を本書の中から見つけだし、一つでも多くお客様の笑顔をつくり、みなさまが気持ちよく、楽しく仕事ができることを、この本を通して筆者は願っています。

２００５年4月25日、尼崎でＪＲ脱線事故が起きました。連日の報道を見て、サービスの提供方法の追求に力点を置き、お客様の満足や喜び、社員が楽しく働くといった心の満足への関心が低いと、大きな問題を引き起こすことを痛切に感じました。

お客様や働く人が物質的には満たされて、心の満足を求めるようになった今、企業は大きな変革期にいます。本書が従来の応対の考えを再考するきっかけになれば幸いです。

最後になりましたが、1章、2章、3章で取り上げた実例はいろいろな方からうかがったものです。ご協力くださった方々に、この場を借りてお礼申し上げます。またこれらの例は、問題点を明確にするために、手を加えた個所があることを申し添えます。

小林作都子

２００５年５月

その話し方がクレームを生む◆目次

2章 お客様はこれでキレた 45

3章 感動の接客実話 123

4章 心のテクニック 157

5章 言葉のテクニック 185

本文DTP 吉野工房

序章

応対者の一言が私をクレーマーへ

最初に紹介するのは、食への関心が高く、デパ地下が好きな中澤佐登美さん（仮名51歳）の体験談です。1997年9月某日、担当者の一言から、彼女はA百貨店E店の〝アンチ顧客〟になりました。

E駅周辺は大規模再開発で生まれ変わり、オフィスビル、映画館、飲食店、専門店、老舗のA百貨店ができました。

その日、私は初めてA百貨店E店地下の食品売場へ行きました。九州物産展の威勢がよい呼び込みの声に活気を感じながら、奥にある百貨店直営のセルフサービスの食品売場へ、老舗だから珍しいものがあるかしらと、期待を持って行きました。

帰宅後、買ってきた切干大根が臭っていることに気づきました。賞味期限を見ると、1カ月前に切れています。まさかあの老舗が賞味期限切れのものを売る？　大変！　店の人に教えなくては！　と思い、急いで電話をしました。

電話に出た女性に、私が事の次第を話すと、「食品売場の責任者に代わります」と、男性に代わりました。男性は「はい、食品売場○○です」と言ったきり黙っているので、私は再び女性にしたのと同じ話をしました。そして食品売場の責任者としてこれをどう考えるか聞くと、彼の答えは想像を絶するものでした。

「お客様、それ～、本当にうちで買った切干大根ですか？　おたくの買い置きじゃないですか～」

うちにストックはないこと、商品が登録されている本日発行のレシートがあることを伝え、商品名、バーコード番号を読み上げました。すると、

「それ～、うちの商品じゃありませんよ。他のお客様が勝手に売場へ置いて行ったんです」

私は我が耳を疑いました。グリコ森永事件以来、食品売場では安全に神経を払っているはずなのに、この発言は何？　店員以外の人が勝手に商品を売場に置き、それを気づかずに売って、もし毒でも入っていたらどうするの？　なにより店で扱っていない商品がなぜレジでスキャンされるの？　数々の疑問が頭に浮かび、責任者に言いました。

「おたくで扱っていない商品のレシートがどうしてここにあるの？　レシートと切干大根をそちらに送るから、確認してください」

「いいですよ送らなくって。新しい商品を送ればいいんでしょ。住所を教えてください」

「私はそんなことを求めていないの。なぜおたくのような老舗が、賞味期限が切れた

商品を売るような品質管理の失態があったのか、なぜそれを他人《ひと》のせいにするのか、その理由を聞かせて。私は新しい切干大根が欲しいのではなく、A百貨店というブランドの信頼性を問題にしているのよ」

「きっと九州物産展の切干大根を、他のお客様が勝手にうちの売場へ置いたんです。だから僕は知りません。僕の責任ではありません。僕は九州物産展と関係ないです。とにかくお客様、あなたは自分の住所を言えばいいんです」

それから3日後、A百貨店E店からマスクメロン2個入りぐらいの大きさの小包が、宅配便で届きました。開けると、A6サイズほどの切干大根が2袋と紙1枚が、無造作に入っていました。紙には、新しい切干大根を送付したので納めてほしいと書いてあっただけで、私が求めていた百貨店の信頼性へのコメントは、ありませんでした。そして……その切干大根は私が買ったものとは異なる商品でした。

私は嫌な気分になりました。A百貨店のことを思って連絡したのに、〝ゆすり〟をした気分です。釈然としないので、送られてきた切干大根とレシートを百貨店へ宅配便で送り返しました。

数日後、外出から帰ると留守番電話に、例の責任者から明るい声でメッセージが入っていました。

「中澤様からの宅配便を受け取りました。今後ともA百貨店をよろしくお願いします」

◇

中澤さんは本店のお客様相談室へ連絡して、会社全体の問題にしようかと思いましたが、やめました。A百貨店に愛着はないので、このまま一生、買物に行かなければいいだけと考えました。しかし腹の虫がおさまらず、この後1カ月ぐらい、会う人ごとにこの話をしました。その数は20人以上になりました。ある人は「あの店の悪い話を他にも聞いた」と言い、別の人は「あそこひどい店だって噂じゃない。長くないよ」と言いました。これらを聞いて中澤さんはちょっとすっきりしました。しかし今でもE駅を通るたび、他の店で切干大根を買うたびに、A百貨店のことを気分悪く思い出します。

あのとき食品売場の責任者が、

「そうですか、賞味期限が切れていますか。ご心配をおかけして申し訳ございません。恐縮ですが、状況を把握したいので、商品を着払いでこちらに送っていただいてもよろしいですか」

と言えば、中澤さんは怒りませんでした。彼が中澤さんを疑わなければ、自分の責任を転嫁しなければ、中澤さんは20人に悪口を言うことも、いつまでもA百貨店の名前を聞いて気分が悪くなることもありませんでした。

近年、A百貨店の日本各地にある支店の撤退や規模縮小の話を聞くたびに、彼の発言が生まれるような風土の会社だからねぇ……と、中澤さんは思います。

1章

接客クレーム基礎知識

01 満足しなければクレームへ

クレームは、お客様の期待の大きさに比べて、得られた満足がかなり小さいときに生まれます。お客様はみな応対者から大切に接してもらうことを期待しています。それなのに無視されたり親身でない応対などを受けると、不満を感じ心にクレームが生まれます。

国民生活動向調査（国民生活センター　2008年1月、対象：大都市居住主婦、有効回答数1729）によると、1年間に商品やサービスに対して「不満・被害があった」人（43・4％）のうち苦情を申し出た人（422人）の理由は（複数回答）、

1位　商品やサービスの欠陥を知らせる必要があるから（55・7％）

2位　苦情を言うのが当然だから（36・3％）

近年、大企業の不祥事、次々と起こる新犯罪の中で、消費者は自ら我が身を守り、問題が発生したときは声に出して言おうという意識が高まっています。以前でしたら多少不満があっても「クレームを言う人＝変な人」と思われはしないかと、申し出る

ことに後ろ向きでしたが、最近はTV番組の影響もあるのか、申し出に抵抗がなくなってきたようです。

苦情やクレームを持った人がその気持ちを伝える先は、企業だけではありません。自分の周りの人たちにも話をします。「悪事千里を走る」という言葉があります。中国の宋の時代に書かれた説話で、「悪い行いや悪い評判はすぐに世間に知れわたる」という意味です。この反対語は「好事門を出でず」。意味は「良い行いはとかく世間には伝わらない」です。お客様の行動にはこの2つの言葉が当てはまります。

一説では、満足したお客様の3割は他の人にそれを伝え、不満だったお客様の9割がそれを他の人に伝えると言われています。また、1人が不満を伝える数は13人ともいいます。不満を持ったお客様が10人いるとすると、

10人×0・9×13人＝117人

117人に「○○に不満を持った」という情報が伝わります。悪い噂はいっきに11・7倍に膨れるのです。今はインターネットが発達していますから、ホームページ上で公開された場合はこの程度ではすみません。

現代のようにモノが豊富な時代にクレームを生まないためには、今まで以上に応対者個人の人間的能力の高さが求められています。この本では応対能力を高める方法を、

具体的に順を追ってお話ししていきます。

残念なことに、どんなに優秀な応対者でもクレームを100%生まないとは言い切れません。

応対者にとって、自分の対応がお客様の満足を得られず、クレームへ発展することはとても嫌な気分です。ちゃんと応対したのに、そんなに怒らなくてもいいじゃないかと、納得できない思い。ひたすら謝ると、謝ればいいというものではないと、なかなか許してもらえない悲しさ。有ること無いこと話を膨らませて上司に言われる口惜しさ。耐え切れず涙を流した日は、その後も気持ちの整理がつかず仕事にならないこともあります。

ひとたびクレームが発生すると、やりかけの仕事をストップして、そちらに切り替えるのは、さらに肩に重みがかかります。

しかし発生したクレームは、正面から真摯に受け止めましょう。人間的能力が高い人は火が小さいうちに消し止めることができます。

またクレームは受け止め方によっては、会社にとって、応対者自身にとって、宝になります。それは2つのメリットがあるからです。

①クレームによって応対の問題点が明らかになり、今後の改善へ結びつけることができる

企業がお客様の生の声を集めるにはアンケート調査のように多額な出費が必要になりますが、クレームはお客様自らが生の声を届けてくださるので、出費なくして情報収集ができます。顧客満足度のアップを図れるよいチャンスです。

②クレームを申し出たお客様のうち、対応に満足した人は固定客になる

筆者の経験ではクレームを申し出た人のその後の利用意向は、

●クレーム対応に満足した人の9割以上が利用意向あり
●クレーム対応に不満だった人の5～6割程度が利用意向なし

です。クレームに対して満足いく応対をすれば、固定客をつくることができます。応対者に怒っていた人が、解決後はその人のファンになることも十分あります。

本当に怖いのは、対応に不満があっても黙っていて、そのまま去っていくサイレントクレーマーです。彼らは企業を殺す凶器になります。1章02で詳しくお話しします。

1-02 クレームがなかったのに、気づけばお客様がいない

みなさまが不満を感じたとき、その何割ぐらいをクレームとして申し出ますか。たとえば、おなかが空いたから何か食べられればいいと入ったラーメン屋でまずかったとき、店長を呼び出して「まずい」と怒りますか。大多数の人はもう行くのは止めようと思うだけでしょう。あるいは他に食べ物屋がなければ、しかたなくまた行くかもしれません。

雑誌に載っていた「行列ができる美味しいラーメン店」へわざわざ食べに行ってまずかったときは、いかがですか。期待が大きかった分、不満は前例より大きいでしょう。しかしこれも大多数の人は、店の人に文句を言うことなく、もう二度とこない！と思って帰るだけです。そして知人にいかにまずかったかをやや大袈裟に伝える程度でしょう。

このように「不満」があっても、お客様は申し出るとは限りません。したがって、みなさまの応対を受けて何も言わずにお客様が帰ったから、クレームがないと考える

のは間違いです。

アメリカに次のような調査結果があります。不満を持ったお客様のうち申し出る人は4%。残りの96%は黙ったままで、このうち91%は二度と店にこなくなり、残りの9%はしかたないと思いつつ来店している。

たとえば1カ月に100人のお客様が不満を持った場合、

クレームを申し立てる人　4人

クレームを言わず、二度と来店しない人　87人

クレームを言わないが、しかたがなく来店する人　9人

不満を持ったお客様100人のうち87人が音もなく消えていき、9人は消える予備軍です。企業はお客様がいなくなると、収入がなくなり、倒産します。気づくとお客様がめっきり減り、そして誰もいなくなったという恐ろしい事態が、無言でヒタヒタと訪れます。

このようにクレームを言わずに去っていく人をサイレントクレーマーと称します。このサイレントクレーマーをつくらないことが、企業にとって大きな課題です。

「応対が悪い！　もうここへこないぞ」と思うお客様を、1人の応対者が1日に何人もつくりだしているかもしれません。2章「お客様はこれでキレた」で紹介しますが、

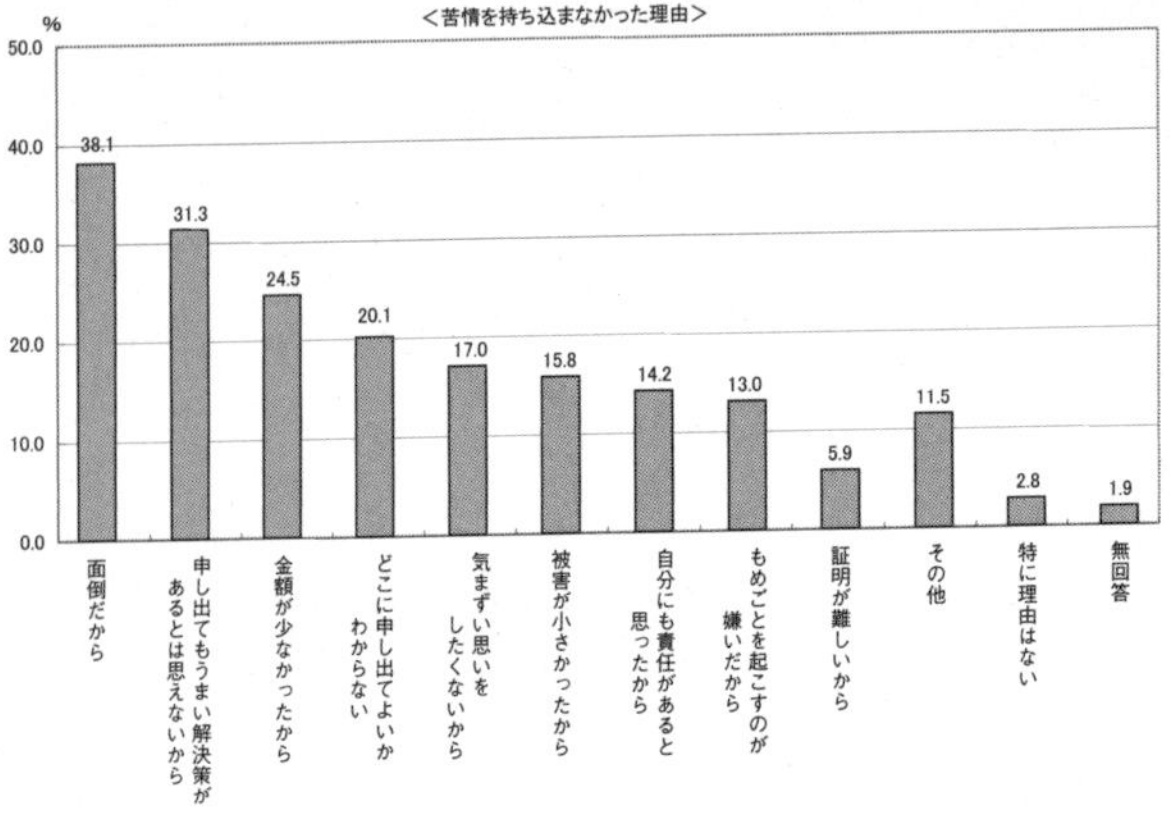
＜苦情を持ち込まなかった理由＞
%
50.0
40.0
30.0
20.0
10.0
0.0
38.1
31.3
24.5
20.1
17.0
15.8
14.2
13.0
5.9
11.5
2.8
1.9
面倒だから
申し出てもうまい解決策があるとは思えないから
金額が少なかったから
どこに申し出てよいかわからない
気まずい思いをしたくないから
被害が小さかったから
自分にも責任があると思ったから
もめごとを起こすのが嫌いだから
証明が難しいから
その他
特に理由はない
無回答

※国民生活センター　国民生活動向調査2008年1月

サイレントクレーマーは応対者が気づかないところで誕生しています。油断大敵。「私はクレームを起こしたことはない」と思う人は、一度ゆっくり自分の応対を振り返ってみましょう。

1章01でもお話ししたように、クレームを申し出たお客様がいると、自分の悪かった点を知ることができますが、サイレントクレーマーについては、想像をめぐらすことしかできません。知らぬ間に悪口が11・7倍に増えて広がっているかもしれません。とても怖い存在なのです。

1章01で紹介した「国民生活動向調査」で、苦情やクレームを持ち込まなかった323人の理由は（複数回答）、

1位　面倒だから　38・1％
2位　申し出てもうまい解決策があるとは思えないから　31・3％
詳しくは右のグラフを参照してください。

1章⓪①でクレームを申し出た理由は、「欠陥を知らせる必要があるから」や「苦情を言うのが当然だから」と積極的な意見でしたが、申し出ない理由は、消極的なものばかりです。サイレントクレーマーは企業を思う気持ちが弱く、容易に離れていくお客様であることが、これらからもわかります。

1-03 自己チューがクレームを生む

お客様が応対に不快を感じるとき、そこには応対者の自己チューがあります。

1990年代末から、自己中心的な人（自己チュー）が話題になり、2000年には新語・流行語大賞でトップテン入賞しました。人間が「自分を第一」と思う自己中心的な考えを持つことは自然だと思います。他人本位に考えてばかりいては、人の目が気になり、心の病になってしまいます。問題は、自己中心的な考えしか持たない「自己チュー」です。

自己チューには3つの特徴があります。

①対人関係が苦手
②共感性が低い
③感情をうまくコントロールできない

これらが原因で、応対の中でお客様とコミュニケーションをとれない、お客様の気持ちを理解できない、キレる、などが起こると、お客様の心に不快感が生まれ、クレー

＜表1　普通世帯当たりの人数＞

（人）

	1960年	1965年	1970年	1975年	1980年	1985年	1990年	1995年	2000年
全　国	4.54	4.05	3.69	3.45	3.33	3.23	3.06	2.88	2.71
人口集中地区	—	—	3.38	3.18	3.08	2.98	2.83	2.67	2.52
人口集中地区以外の地区	—	—	4.11	3.89	3.79	3.70	3.56	3.37	3.17

※総務省　国勢調査結果

ムへ発展します。

自己チューは戦後、日本人の価値観と家族の在り様が変化したことで大量発生しました。戦前は「お国のために」愛国心を持って生きてきましたが、戦後は「家族のため」「私のため」に生きるようになり、家族愛、自己愛が深くなりました。

家族の変化としては、まず世帯人数の減少があります（上の表）。国勢調査によると、一つ屋根の下、同一家計で生活する普通世帯当たりの人数が、60年には4・5人であったのが、70年には4人を切り、95年には3人を切っています。多くの人が一緒に暮らすと摩擦が起き、心に痛みを受けることがありますが、その経験から他人の心の痛みを知り、気遣いや思いやりが育ちます。しかし人数が少なければ軋轢《あつれき》がなく自分の心を優先して、気ままに暮らせます。

また電子メールがコミュニケーションの手段として定着したことで、相手の様子を気遣いながら自分の思いを伝える機会が減りました。メールは相手が目の前にいないので、自分の思いだけを

＜表2　行動の種類別父母と一緒にいた時間、行動者率＞

（時間.分,％）

	子供が親と一緒にいた時間		行動者率	
	父	母	父	母
総数	2.35	4.01	69.6	94.1
食事	0.48	1.02	58.0	91.3
テレビ・ラジオ	1.12	1.35	40.2	64.5
家族とのコミュニケーション	0.43	0.45	4.3	7.3

※1日当たりの時間数
※総務省　平成13年　社会生活基本調査（10〜14歳　6364人）
※行動者率：行動の種類別に親と一緒にいた子供の割合

一方的に文字に打ち出し、自分勝手な時間に送信ボタンを押してスッキリ終了。好きなことを自分都合のパワーで放出できます。

家族の変化の2つ目は、戦後、日本の父親から威厳がなくなったことです。50年代の後半から日本は高度経済成長期に入り物が豊かになり、70年代に入ると日本中の人が中流意識を持つようになりました。父親は仕事で家庭を不在にする時間が長く、さらに給料は銀行振込で、家族の中で父親の影が薄くなりました。70年代は少ない家族数、物質的豊かさの中で、子供が父親の代わりに家庭の権力者に成り上がったときです。一人っ子政策をとり国も豊かになった2000年代の中国がこれと似た状況です。家庭における主権在子はこのときから日本の家庭に定着しました。

家庭の権力者である子供は、親から話しかけられてもロクに返事をしない、たとえ返事をしても「別に」

「ウザイ」といった単語しか発しない、それで許されています。しかしこれではコミュニケーション能力が発達しません。若い応対者たちが育った状況のデータを平成13年社会生活基本調査で見ると、当時の10～14歳（6364人）の家族とのコミュニケーション時間の少なさに驚きます（右の表）。

1日に父親と一緒にいた子供は7割弱で、平均時間は2時間半。一方、母親とは9割ほどで、平均4時間。父親より母親の影が濃いのです。その母親とのコミュニケーションでさえ、行ったのは7％で、時間もたったの45分と短いです。

父親の威厳がなくなった頃から躾《しつけ》が甘くなりました。公共の場で行儀が悪い子供をよく見かけますが、注意をしない親が多いです。電車の中で大声で騒いでも、目に入っていないように親が横に座っています。これでは子供に電車の中で退屈をしたとき、それをガマンするという感情をコントロールする力が育ちません。ガマンの経験がなければ、ガマンしている人の気持ちもわかりません。

また躾が不足しているために、社会へ出たときに、自分が非常識な行動をして、世間から奇異な目で見られ、自尊心が傷つきそうになることが多いのです。家庭の権力者で、自尊心が傷つくことに縁がなかった彼らは、そのようなハメにならないように、自らを強く守ります。そのためには平気で他人を傷つけることがあります。守りが固いために、他人を受け入れることもできません。

このように他人を受け入れられず、心の痛みがわからず、感情のコントロールができないと、クレームを生み出します。現在、自己チューは応対者だけでなく、お客様にも増えています。お客様の自己チューを暴れさせてしまうと、これもまたクレームになることがあります。自己チュー客には特に高い共感を持って応対し、自尊心を傷つけないようにすることが、クレームを生まないポイントです。

1 04 お客様は神様ではないけれど仏様

みなさまは「お客様は神様です」という言葉に反発を感じたことはありませんか。お客様が1章⑬でお話をした「自己チュー」パワーを全開させて、ワガママで理屈が通らないことを言ったり、いきなり怒鳴りだしたりするとこの人が神様か？ と頭に疑問符が浮かびます。

他のお客様の対応でバタバタ走っている最中に呼び止められ、「ちょっと、○○はどこかしら」と聞かれ、それが本人の目の前にあったりすると「よく見てから聞いてよ。私は忙しいんだから」と叫びたくなります。それを抑えても、答えた声が尖っていたりします。

筆者は「お客様は神様」という言葉を聞くたびに思い出すことがあります。年末の衣料品レジで、私はお買い上げ商品を袋に入れる仕事をしていました。この時期は大変な混雑で、息つく間もなく、機械のようにすばやく動くことに夢中でした。そんな中、50代の女性が値札のない黒いオーバーをレジに出しました。レジ係が「ア、ない」と言うので、私はお客様へ値段の確認をするので待っていてほしいと伝え、売場へ出ようとしました。すると、お客様は私からオーバーを取り返し、「なによ。私が万引きだって言うの。なによ！」と叫びながら、オーバーを丸め、私の顔に投げつけました。目の前が暗くなり、オデコに紙やすり付きのバレーボールがあたったような衝撃がきました。しかし混んでいるので早い対応が第一と、足元に落ちているオーバーを拾い売場へ走りました。するとその女性が追いかけてきて、「もう、いらない」と体を2つに折るようにして叫び、去っていきました。

この人のどこが神様なのか、少なくとも神様は人に危害は加えない！　その日以来、私は仕事が終わり、女子ロッカー室で制服から私服に着替えながら、今日の嫌な客を振り返るようになりました。不思議なことに浮かぶのはいつも1人でした。0もなく複数もありません。神様だと思える人は、めったにいませんでした。

これは応対者から見た話ですが、お客様から見るとどうでしょうか。毎回、腹を立てて応対者に物を投げる人はいないでしょう。尖った声を応対者からかけられても、黙って去っていく人が大多数です。対応が悪いと憤慨しながらも、帰り道で文句をブツブツ言う程度です。多くのお客様は、自分に危険や危害が加えられたり、不満が許容範囲を超えるまでは、受け流してくださいます。

しかしこれが度重なると堪忍袋の緒が切れます。

ある外資系パソコンメーカーでの出来事です。商談をしていた営業マンを、「君は態度が悪い」とお客様が叱りました。しかしその営業マンはお客様がなぜ叱ったかを考えず、売上をたてたい一心で自分のやりかたを押し通した結果、お客様からDM、FAX、電話は二度としないでくれ、と言い渡されました。しかしお客様は、そこの製品を気に入っていたので、その後もこの営業マンを通さずに購入を続けました。

半年後に再びFAXが届いたので、お客様はメーカーへ電話をしました。「クレームですが」で始まった会話は、電話に出た女性のやる気がない声で、お客様の怒りはヒートアップし、「おたくの会社はどうして客に言われたことを守らないんだ」と、怒鳴り声になりました。しかし相変わらず女性が「は〜〜い」と間が抜けた返事を繰り返すので、「その返事はなんだ」と言ったところ、「別に。私は悪くな〜い」と切り返されました。驚いたお客様は「そんな態度では、おたくの会社の製品はもう買わないぞ」と、反省をしてほしいと思う親心で言ったところ、無言で電話を「ブチッ」と切られたそうです。

この瞬間にお客様の堪忍袋の緒もブチッと切れ、もう二度とこの会社の製品は買わないし、人にも勧めないと言います。

仏の顔も三度まで。

大多数のお客様は、少々気分を害することがあってもブツブツ言う程度で、即座にはキレません。クレームを申し出るようなこともしません。しかし一つ一つを心に蓄積し、それが限界を超えたとき、些細なことがきっかけで、クレームを言ったり、サイレントクレーマーとして企業から去ったりします。

仏の顔が続いている間に、嫌な客だったなぁで片付けずに、お客様の気持ちに気づきましょう。それには、お客様がなぜそんな発言をしたかを考えてみることです。「君は態度が悪い」とは、自分のどんな行動がそう言わせたかを、お客様とのやりとりを客観的に振り返って見つけます。

こうして問題点に気づき、その解決方法を探っていくクセをつけると、応対者は大きく成長します。「お客様は神様」には納得できなくても、お客様は、みなさまに成長のチャンスをくれる仏様であることは間違いありません。

1 05 応対はサービスではなく、ホスピタリティ

モノが豊富にあふれている今、お客様は「モノ」を得るだけでなく、さらに「心」が満たされることを望んでいます。一方で応対者も、貧しい時代の「安定して賃金を貰いたい」から、「スキルが身につく仕事をしたい」「自己実現をしたい」「楽しく働きたい」へ要求が変わり、仕事で自分の心が満たされることを求めています。お客様も応対者もお互いに心が満たされると喜びを感じます。

このような時代に応対を「サービス」と考えると、お互いの満足を得られません。サービス（service）の語源はラテン語の servus（奴隷）です。サービスを辞書で引くと、奉仕（つつしんで仕えること）や奉公（使用人として他人に仕えること）といった、使う人と使われる人という上下関係がある言葉が載っています。サービスは、受ける人は「主《あるじ》」であり、行う人は「僕《しもべ》」です。これが現代にそぐわない理由は大きく2つあります。

①僕《しもべ》はマニュアル人間である

主《あるじ》の意向と違わない一定の成果物をいつでも提供するには、いつ、どの僕が行っても同じにできる必要があります。また僕は仕事を早く処理するための効率を考えます。均質に合理的に、が「サービス」です。そこでマニュアルに忠実に仕事をします。これでは一定レベル以上のスキルアップはできません。

また今、マニュアル人間の評判は悪いです。紋切型で冷たくバッサリ断わると、「まったく！　だからマニュアル人間はダメなのよ」と文句を言われます。マニュアルをマスターすると、だれでもすぐに基本対応はできるようになりますが、臨機応変な対応はできません。形はできても、仏作って魂入れずの状態なので、お客様の心の満足をつくりだせません。

②僕は無責任。指示を待つのみ

上下関係があると、判断は主が行い僕は考える必要がありません。出された指示を行うだけです。自分なりの能力を発揮する自己実現ができません。また今はインターネットの普及で行動のスピードが格段に速くなっています。問題の早期発見と対応ができないと、あっという間《ま》に傷が広がります。主が気づき、指示を出した頃には手遅れということもあります。

これらを解決するのは、「ホスピタリティ」応対です。ホスピタリティはラテン語で〝客間〟です。辞書には、(客に対する)親切なもてなし、歓待とあります。喜んで心をこめて客をもてなすことです。客と喜び、楽しさ、感動を共有することが客間の主のもてなしです。主と客の関係は対等です。上下はなく、お互いに偉ぶることも、へつらうこともありません。客が満足して喜ぶことが主の喜びです。そこで効率、均質の追求より、客に合わせたオリジナルなもてなしを考えます。主の人間性や個性が重要で、主は仕事を通して自己実現をはかっていくことができます。ホスピタリティは病院やホテルの人が行うものという印象がありますが、これはすべての応対者に必要なマインドです。お客様、応対者双方が「心の満足」を得るにはホスピタリティが欠かせません。

問題が発生したときに、ホスピタリティのマインドを持っていれば、応対者はお客様と一緒に考えるので、その場で最善の解決ができ、問題が小さく終わります。

仕事に自信を持っている人にありがちなのが、自分の心の満足のためにお客様を上から見下ろす応対です。「お客様が喜ぶとうれしい」という気持ちは応対者の心の糧です。しかし「お客様に喜ばれる私が好き」は悪臭がただよいます。私の考えが先行し、行動は親切の押し売りで、自分の行いにお客様が満足しないと、「私はお客様のためにこんなに良い応対をしたのに、わかってもらえない」と腹を立てます。

筆者が入社して7、8年たった頃です。食品のレジに、膝の上に店内カゴを乗せた車イスのお客様がいらっしゃいました。私は型どおりの精算作業をしたのち、黙って商品が入ったカゴを持ち、袋詰めする台へ向かって歩きだしました。するとお客様が「どうするんですか」と聞かれたので、台まで運ぶと答えました。するとお客様は、「あなたは健常者にも、そうしますか。健常者の方と同じようにしてください」と鋭くおっしゃいました。

カゴを持ち上げたときの私は、体が不自由で荷物を運ぶのは大変だろう→台まで運んだら喜ばれるだろう→お客様のことを考えている私って素敵！　と思い、お客様から感謝されている我が姿を想像して喜んでいました。しかし現実には冷や水を浴びました。「なによ！　私の親切を無にする気!?」と思いました。しかしこの行動はまさしく、お客様を上から見下ろした「やってあげている」パターンです。

このとき私はお客様と一緒に考えるべきでした。これが横の関係です。「手伝いたいが、どうしたらよいか」と、聞けばよかったのです。

ホスピタリティのマインドを持つには、共感性を高めることが重要です。共感性がある人は相手と同じ高さに立ち、一体化せずに一定の距離を保ちます。同情も評価もしません。心理学者のロジャーズによると、共感的理解とは「相手について（about）理解する」のではなく、「相手とともに（with）理解すること」です。

ホスピタリティ応対の具体的なテクニックは5章でお話しします。

2章

お客様はこれでキレた

2-01 たらい回しでバカよばわり

遠藤将司さん（仮名　37歳）は、新しく買ったパソコンをインターネットに接続しようと、説明書を片手に一晩じゅう奮闘したものの、いっこうにつながりません。翌日プロバイダー会社のサポートセンターへ救いを求めて電話をしたときの体験談です。

朝9時の受付開始と同時に電話をかけましたが、すでに「混みあっています」のテープが流れていました。それから15分おきぐらいに電話をし続けて、昼近くにやっとつながりました。

電話に出た人へ、待っている間に溜めこんだエネルギーを一気に吐き出すように質問をすると、「他の担当へつなぎます」と、電話を転送されました。新しく出た人にまた一から話をしたものの、再び他の担当へ転送。3番目に出た人も、

「はい。サポートセンター山田です」

と言ったきり黙っています。同じ話を3回も繰り返すのはうんざりで、

「先ほどからお話ししていることです」

と低い声でぶっきらぼうに言うと、もう一度話せと言います。私は耐えきれなくなり、

「どうしてそんなにたらい回しにするんだ！」

と思わず大きな声で怒鳴りました。すると相手は黙りこんでしまいました。しかしこのままでは問題が解決しないと、気を取り直して3回目の質問をしました。

今度はなにやら説明してくれますが、専門用語が多く意味がわかりません。どういうこと？　と、そのたびに聞き返していたら一言。

「おうちに他にわかる人いませんか」

その瞬間、私は受話器をたたきつけ、電話を切りました。もちろんプロバイダーは他の会社に変えました。

◇

遠藤さんの気持ちの流れをたどりましょう。

遠藤さんの気持ち

インターネットに接続できずに
困った。

初期

↓

サポートセンターの電話が
つながらずイライラ。
電話をたらい回しにされ、
そのたび一から質問をさせられるのは
面倒だ。

不満期

↓

「他にわかる人はいないか」って、
侮辱するな。

噴火期

サポートセンターの担当者はどうすればよかったでしょうか。

望ましい言い方

たらい回し
→ 「はい、お電話を代わりました。テクニカル担当、山田です。お客様、ご質問は○○についてで、よろしいですか」

他にわかる人いませんか
→ 言葉をかえて説明

ポイントは、

❶たらい回しにしない

自分の担当外のものを適正な担当者に引き継ぐことは正しいです。しかし交代が複数回行われる〝たらい回し〟では、お客様は自分の存在が軽んじられたと傷つきます。まずはお客様の質問内容を正しく把握します。それには5章04の「復唱」を使います。お客様の申し出を復唱して、自分の把握内容がお客様の意図と合っているかを確認します。質問が的を射ないときは、お客様ができたこと、できないことを5章03の「クローズ型の質問」を重ねて行い、問題点をお客様と一緒に明らかにします。

交代は、必ず対応できる人と行います。そうでないと担当者には1回の交代が、お客様には複数回となり、3回目ぐらいに出た担当者は自分に非がないのに、お客様から怒りをぶつけられます。適切な担当者が不明や不在のときは、改めてこちらからお客様宛てに連絡をします。

❷担当者が代わるときは引き継ぎを

担当者が代わるときは、それまでにお客様から得た情報を、次の担当者に伝えます。

内容がわかれば、次の担当者は回答できるか否かを前任者に伝えられるので、〝たらい回し〟を未然に防げます。引き継いだ担当者は、自分の名乗りのあと、間《ま》をあけずに、前任者から引き継いだことを復唱し、お客様の申し出内容の確認をします。これでお客様は自分が大切にされていると好印象を持ちます。申し送りの中に「パソコン初心者です」「怒っています」などの情報を添えると、次の人は応対しやすくなります。このときに「ムカつくオヤジ」などの主観は入れません。

❸お客様の能力を否定しない

サポートセンターはわからない人が問い合わせる所です。相手に知識がない、専門用語を理解できないといったことは当然あります。そのような人に「他にわかる人はいないか」と能力を否定する表現は厳禁です。理解してもらえるまで表現をかえて、根気よく説明を続けましょう。相手が理解できないのは、応対者の能力が不足しているからです。お客様を責めるのは間違っています。

プラスワン
+1
テクニック

専門家が、初心者の質問を聞き続けると、やる気が失せることもあるでしょう。しかしお客様の声を宝にするチャンスがここにあります。説明用マニュアルの言葉を理解できないお客様が複数いれば、上司に報告して、会社として改善に取り組みましょう。その結果、わかりやすいものができれば、お客様に喜んでもらえます。仕事の目標を「〇〇って説明したら、お客様がわかってくれた」という実績の増加にすると、自分のモチベーションと、お客様の評価が上がります。そして担当者から相手を否定する発言も消えます。

2 02 謝りにきて、私は悪くないと訴える

中澤佐登美さん（仮名　51歳）が友だちと雑誌に載っていたイタリアンレストランでランチを食べたときの体験談です。

私たちが窓際の明るい席に座ると、中年の女性スタッフがオーダーをとりにきました。「トマトソースのスパゲッティ」と「バジル風味のスパゲッティ」を注文しました。10分ほどで友人の「バジル風味」を若い男性スタッフが運んできました。この店ではフロアを仕切っている中年の女性スタッフが注文を聞き、他の若いスタッフが料理を運ぶと、役割分担しているようです。友だちは食べずに私の料理がくるのを待っていましたが、なかなかこないため、先に食べてもらいました。しかしほとんど食べ終わっても私の「トマトソース」はきません。

「さっき後ろのテーブルの人にトマトソースがきたとき、違うって言ってたから、きっとあれがあなたのよ。お店の人に聞いてみよう」という友だちの声に押されて、中年

の女性スタッフに言うと、彼女は若いスタッフたちのところへ行きました。しばらくして「もう何やっているのよ」と怒鳴り声がしました。それから彼女は木の床に叩きつけるような足音を響かせ、こちらにやってきました。そして、

「間違えて運んじゃったみたいで、ゴメンなさいねぇ」

頭も下げず、〝間違えたのは私ではない〟オーラを背中から発して、戻って行きました。私たちは唖然としました。怒りたいのはこちらなのに、その態度は何？　私たちは友だちじゃないのよ。「ゴメンなさいねぇ」って謝り方があるかしら？　そもそもスタッフのミスは責任者のミスでしょ。それなのに逃げ腰で無責任だわ。

私たちはそれから黙りこみ、やっときたとても熱い「トマトソースのスパゲッティ」を私は黙々と食べました。店の外に出たとき大きく息をして、どちらともなく「ひどかったね。もう二度とくるのはやめよう」と言いました。

◇

中澤さんの気持ちの流れをたどりましょう。

中澤さんの気持ち

自分の注文品だけがこない。
どうなっているの?
一緒にいる友だちに心苦しい。

初期

スタッフが上司から怒鳴られている声を聞くのは、気分が悪い。

不満期

「ゴメンなさいねぇ」はお客様への詫びの言葉として不適切。
態度にも気持ちが入っていない。
上司として部下の過ちを詫びるという自覚がない。不愉快だ。

噴火期

ではこの女性スタッフはどうすればよかったでしょうか。

望ましい言い方

間違えて運んじゃったみたいで、ゴメンなさいねぇ

⬇

「お客様、私どもに手違いがございましてお待たせいたし、誠に申し訳ございません。（頭を深く下げる）大至急ご用意いたしますが、あと10分ほどお待ちいただけますか」

ポイントは、

❶待たせた理由を述べ、心から謝る

理由は「手違いがあった」のように簡潔なもので、具体的に長々と言う必要はありません。また言い訳に聞こえるものは不可です。「混んでいて間違えた」では、自分

の間違いを〝他人《ひと》のせい〟にして、逃げていると受け取られ、謝っているように聞こえません。

お詫びの発声は、「誠に」を特にゆっくりと力をこめて言います。続いて軽く息を吸ってから「申し訳」の「う」にアクセントを置きややゆっくり言い、「ございません」は通常のスピードで、残っていた息をすべて吐き出すように、力をこめて言います。その後、体を腰から折る深いお辞儀をすると、詫びの気持ちがさらに強く相手に伝わります。

「ごめんなさい」は親しい間柄だけに使います。ビジネスの場では「申し訳ございません」です。語尾に「ねぇ」をつけると、さらになれなれしい印象になり、お詫びにはふさわしくありません。

❷今から料理を用意しても、待ってもらえるかを確認する

お客様にも都合があります。「あと10分ほどお待ちください」と言うと、「作って出すから待っていろ」という店からの命令になります。ここはお客様の意思を尊重するように、「お待ちいただけますか」と確認の表現をします。

また世間でよく聞く「～させていただく」をここで使うのはやめましょう。まず「ご

用意させていただく」は、敬意表現として誤りです。「用意させていただく」は正しい謙譲語ですが、基本的には相手から要望や指示があったときに使う言葉です。お客様がまだ食べたいという気持ちがあるのか不明な段階で使うと、押し付けがましい印象を与えます。

プラスワン +1 テクニック

中年の女性スタッフが、間違えて運んだスタッフを怒ったのは、お客様に迷惑をかけて申し訳なく思う気持ちがあるからです。でしたらそれを前面に出しましょう。「だれが迷惑をかけたか」でなく、「だれに迷惑をかけたか」を考えます。同じ店で働くスタッフの不始末は自分のこととして、お客様にお詫びしましょう。お客様は「お店の人」をひとくくりで見ていて、個人別にはとらえていません。

ここでは間違えた男性スタッフも一緒に詫びるのが望ましいです。彼には自分のために上司も詫びている姿を見せ、二度と同じ過ちをしないように教育するのが責任者の仕事です。

お客様は食事を楽しみに来店しているので、人が怒られるのを見聞きするのは不愉快です。スタッフを注意するときはお客様から離れたところでしましょう。また人前で怒ると彼らの自尊心が傷つきます。怒鳴るだけでなく、なぜ間違えたかを本人と話し合い、再発防止に取り組みましょう。

2-03 声をかけても応答なし

栗原達治さん（仮名　56歳）は、妻が旅行でいない夜、ＯＬの娘と高校生の息子を連れて外食に出かけました。そのときの体験談です。

焼肉屋で追加注文をしようと、テーブル上のブザーを押しましたが、５分経ってもだれもきません。再度押してもダメです。網の上に食べるものはなく、ビールのグラスには泡がへばりついて乾燥しています。娘が店の人を直接呼ぼうとして、やや離れたところで食器を下げている人に向かって手を上げ、声をかけました。しかし**知らんふり**です。耳に入っても、自分がやっていることにしか注意を払っていないのでしょう。

あまりに間《ま》があいて焼肉を食べる気をなくし、「ラーメンでも食べよう」と店を出ました。子供たちが食べ放題を楽しみに行ったのに興ざめでした。お客さんに目を配ることは商売の基本。彼らは視野が狭すぎます。それともこれ以上、食べさせたくなくて無視したのでしょうか。

◆**遠藤将司さん（仮名 37歳）が市役所へ行ったときの体験談です。**

市役所のカウンターごしに奥にいる人へ声をかけました。そこには机が6個固めてあり、座っている人たちはのどかな午後のひと時といった雰囲気です。しかし私の呼びかけに返事はなく、だれも出てきません。

一番手前で、下を向いている人にめがけて、フロア中に響くような大声で再度「すみません」と声をかけました。それでも反応なし。腹が立ったので、だれもいないカウンターで用件をまくし立てると、やっと1人立ち上がり、ゆっくり出てきて、手続をしてくれました。でもその間に彼からは**「はい」も「うん」も一言もありません。**

君たちの態度は何だ！　大声を出したついでに「君らの給料は我々が払った税金だぞ！」と捨て台詞を叫んで帰ろうかと思いました。

◆栗原さんと遠藤さんの気持ちの流れをたどりましょう。

二人の気持ち

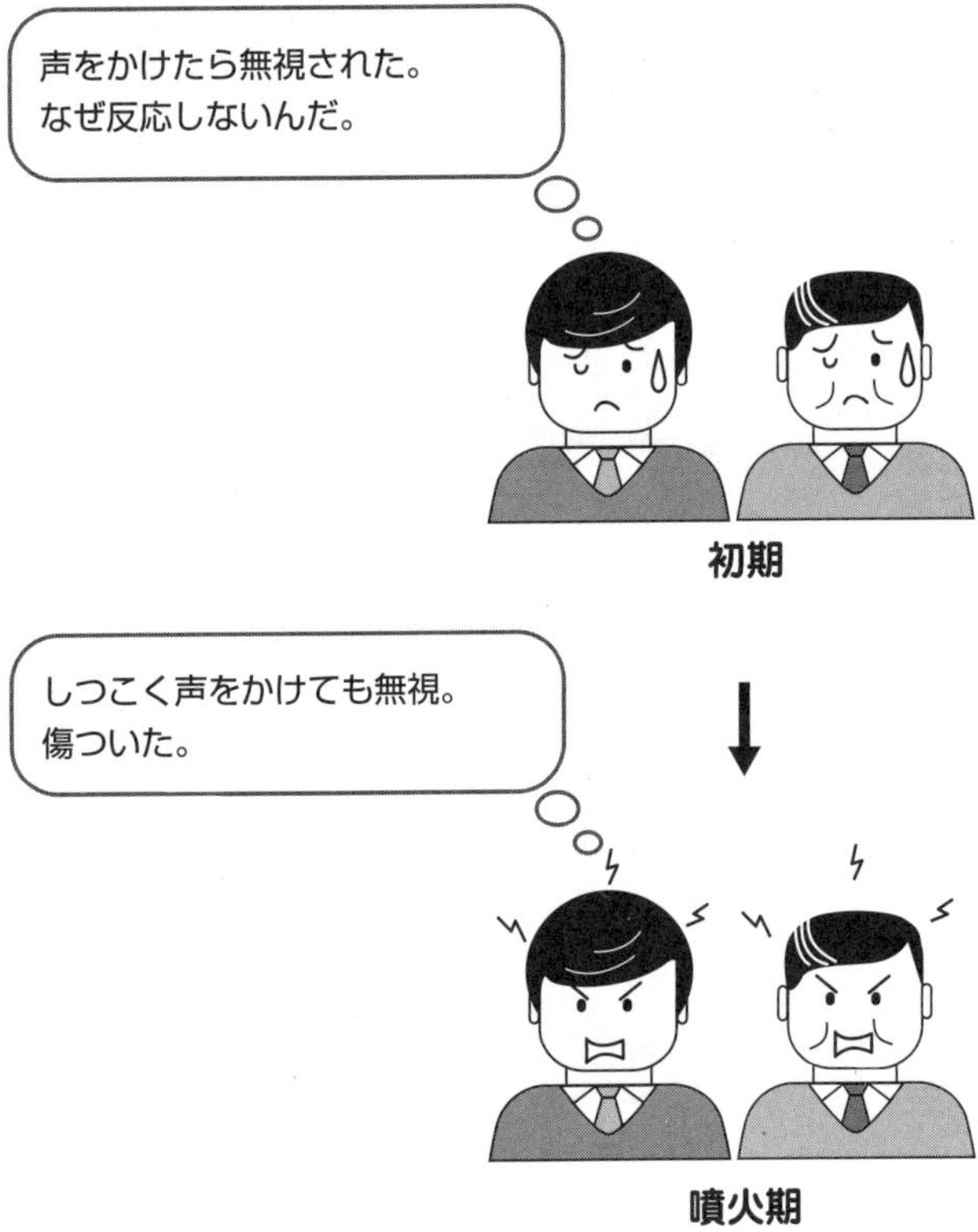
声をかけたら無視された。
なぜ反応しないんだ。
初期
しつこく声をかけても無視。
傷ついた。
噴火期

では2つの事例で応対者はそれぞれ、どうすればよかったでしょうか。

望ましい言い方

知らんふり（焼肉店）

↓

「はい、ただいまうかがいます」と返事をして、オーダーをとる体制をとりながら、お客様のテーブルへ急ぎ、「お待たせしました」と言ってから、話を聞く

「はい」も「うん」もなし（市役所）

↓

「はい、そちらに行きます」と返事をして、急ぎカウンターへ行く。窓口担当者が不在でも、同じ役所の人間であれば、無視せず「お待たせしました」の声をかけてから、代理で対応する

ポイントは、

「はい、○○します」＋「お待たせしました」

「はい」のみでは、本当に対応してくれるかと相手は不安を持ちます。「○○します」まで言って、確実に対処する姿勢を伝えましょう。

お客様から呼びかけられると、目だけを動かして、無言のままカウンターへ出てくる人が多いです。小さい頃から言われているように、呼ばれたら何はさておき「はい」と返事をしましょう。

「はい」は、あなたさまを尊重し、心をひらいた状態で聞かれたことに答える準備ができていますという合図の言葉です。これがないと、話しかけた人は拒絶された気分になり、自尊心が傷つきます。

たとえすぐにお客様のところへ行っても「お待たせしました」は必ず言いましょう。少なくとも応対者が移動する間は待たせています。もしかしたらこの例のようにずっとお客様が待っていたのに、気づかなかったのかもしれません。この言葉はお客様が自分は大切にされていると感じ、気持ちが良くなるものです。意識して使いましょう。

プラスワン ＋１ テクニック

ほとんどの読者は、幼稚園や保育園ではあるまいし、いまさら返事なんてと思ったでしょう。しかし「応対者の返事がない」は、多くのお客様が不満点としてあげています。みなさまはふだんの生活で、呼びかけられたとき１００％返事をしていますか。売場で子供が大声で「ママ」と呼び続けているのに、返事がないことがよくあります。迷子で保護するべきかと様子を見ていると、母親は近くで商品を見ています。なぜ返事をしないのでしょうか。子供がかわいそうです。

忙しいとき、仕事を中断したくないときは、呼ばれても聞こえないふりをしたくなります。しかし返事をしないと、自分の存在感を職場から消してしまいます。

ある教育関係者によると、返事を教えない小学校担任の学級は混乱し、人間関係が崩壊するそうです。職場が崩壊しないために、返事をする習慣は最低限、身に付けましょう。

2-04 キレて叫ぶ「ダメだって言ってるじゃないですか!!!」

宮本直美さん（仮名　34歳）は、明日の外出に着るスーツがクリーニング店に出したままであることに気づき、夜、大急ぎで引き取りに行きました。その体験談です。

クリーニング店のカウンターで、引換券を財布から出そうとするとありません。他に客がいなかったので、カウンターで膨らんでいる財布を広げ、レシートやポイントカードなど中に入っているものを出して探しました。この様子を若い男性店員は指でカウンターを叩きながら見ています。

「ごめんなさいねぇ、財布に入れたハズなんだけど、いろんなものが入っていて……これじゃ出てこないわよねぇ」

などと場つなぎに話しかけても返事はなく、重い空気がたちこめ、気持ちは焦るばかりで見つかりません。そこで店員に相談しました。

「明日どうしても着たい服なのよ。ごめんなさ～い、引換券なしでもらえるかしら」

すると、深いため息の次にエラそうにこう言いました。

「引換券がなくちゃ、服を見つけられないじゃないですかぁぁ」

「じゃ一緒に探すわ。どうしても明日着たいのよ」

「ダメですよ。うちの店は引換券と交換で渡す決まりですから」

「わかっているわよ。だからこうして頼んでいるんでしょ。なんだったら一筆書いていくから」

「だから‼　ダメだって言ってるじゃないですか!!!」

しかたなく家に帰りました。引換券は財布のお札の間から見つかり、後日、夫に引き取りに行ってもらいました。せめて彼がどんな服か聞いて、探すふりだけでもしてくれたら少しは気持ちが救われたでしょう。クリーニング店はいくらでもあるので、あんな融通がきかない店員がいる店には二度と行きません。

◇

宮本さんの気持ちの流れをたどりましょう。

宮本さんの気持ち

引換券が見つからずに
焦っている。

初期

明日着たいから、一緒に探す
とまで言って頼んでいるのに、
偉そうなことを言って、
聞き入れてくれない。

不満期

キレてお客様に叫ぶとは何事！
自尊心が傷ついた。

噴火期

ではこのクリーニング店員はどうすればよかったでしょうか。

望ましい言い方

引換券がなくちゃ服を見つけられない
⬅
「お客様、ご不便をおかけいたしますが、当店では間違いが起こらないように、引換券と交換でお預かりの品をお渡ししております。ご理解いただけますか」

ポイントは、

❶クッション言葉を使って、お客様の要求が不当だと説く

「券がないから見つけられない」と、自分の都合をお客様に振りかざすと、「一緒に見つけよう」と食いさがられます。すると追い込まれた気分になり、応対者の中の自己チューが〝キレる〟行動を起こします。自らをそのような状況に追い込まないためには、お客様の要求が不当だと本人に納得してもらう言い方をします。

店がお客様から信頼される仕事をするために、引換券と交換で預り品を渡す仕組みをとっていることを、「店の決まり」のように上から押さえつけて伝えるのではなく、お客様に納得してもらいます。そのためには本人の希望に沿えないことを伝える前に、相手の衝撃を柔らげるクッション言葉「ご不便をおかけいたしますが」で話を始めます。筋道をたてて正論を伝えれば、多くのお客様は無理な要求をしにくくなります。

❷偉そうな話し方をしない

返事をしない、テーブルを叩く、ため息をつくなどの態度は偉そうに見えます。そこへ「～じゃないですかぁぁ」と語尾を強く、長く発音すると、さらに尊大さが増します。焦っているお客様を蔑んで見下している気持ちがこのような態度になります。

また同情して、困ったぁとため息をついても仕事になりません。まずはお客様の立場になって、引換券が見つからなかったらどんな気持ちかを想像しましょう。お客様の焦っている、困っている気持ちを共有すると、自然にこの場にふさわしい発言が出ます。これがホスピタリティのマインドです。お客様よりどれほど若くても、店の代表として応対しているのですから、責任ある姿勢で対応しましょう。

プラスワン
+1
テクニック

お客様がさっさと動いてくれず待たされると、他の仕事ができないのでイライラもするでしょう。こんなとき、気持ちを癒《いや》す言葉があります。引換券を探しているお客様に、「どうぞゆっくりお探しください」と一言かけます。これでお客様は焦っている自分を理解してくれたと思い、応対者に友好的になります。また応対者はお客様を前にして、他の仕事をしても失礼になりません。

お客様へ「ダメ」を繰り返し言っていると、自分もダメになってきます。お客様と平行線が続くときは、期待に沿えないことをいろいろな言葉で丁重に伝えます。物は言いようです。同じ言葉を繰り返すだけでは、融通がきかないと怒られます。いただいたご意見を上司に伝えて、今後の会社の検討課題にすると伝えるのもよいでしょう。お客様の自尊心を満足させます。

このクリーニング店の引換券紛失のように予想されるトラブルは、緊急避難ルールをあらかじめ決めておきましょう。

2-05 恐怖！　断ると不機嫌になり、物にあたる

栗原達治さん（仮名　56歳）は妻と大型ディスカウントショップへ出かけ、妻の買物中にゴルフ用品売場へ時間つぶしに行きました。そこでの体験談です。

4月から娘がＯＬになったので、夏のボーナスをもらったらちょっと高いゴルフクラブを買いたいと思い、高級クラブが入っているショーウインドーの鍵を店員に開けてもらいました。あれこれと何本も振ってみました。店員は商品知識があり、よく説明してくれて10分以上たちました。

これは！　と思うものがあったので、店員に「後日、出直します」と伝えると、彼は大変身。開けるときとは大違いで、**戸をすさまじい勢いでガシャーンと閉め、プイッといなくなりました。**この態度の変わりようは何だろうか。まるで、

「せっかく説明してやったのにぃ。どうせあんたは高級品なんて買わないよな!!」

と言われたようで気分が悪くなりました。ボーナス後は他の店で買いました。あれ

以来、このゴルフ用品売場へは足を踏み入れてもいません。

◇

栗原さんの気持ちを整理しましょう。

栗原さんの気持ち

時間つぶしにのぞいてみよう。
初期
ちょっと説明したくらいで、恩着せがましい。買わない客をバカにするな。気分が悪い。
噴火期

ではこの店員はどうすればよかったでしょうか。

望ましい言い方

戸をすさまじい勢いで閉め、いなくなった

⬅

「ありがとうございます。またのご来店をお待ちしています」

ポイントは、

❶「お礼」と「またきてね」

お客様が「またくる」と言ったことに対して、「ありがとうございます」と、お礼を言います。「ありがとうございます」は売上がたったときだけの言葉ではありません。「またくる」を実行する人は少ないので、冷たい態度をとりがちですが、それをストレートに出しては、感情のコントロールに問題ありです。お礼に続けて「待っている」

の言葉をかけます。するとお客様は次の来店が気楽になります。

❷明るく、期待をこめて温かく

「お礼＋待っている」の言葉を微笑みたっぷりに、明るい声で、お客様の口元付近をめがけて送りましょう。親しみが生まれて、お客様の買わない心苦しさは薄くなり、次回の来店につながります。目へ光線を送ると、強すぎて怖いので、やめましょう。また暗い声や低い声では、ふてくされているように聞こえます。注意しましょう。

プラスワン＋1テクニック

忙しいなか10分以上も説明したのに、買わないと言われると、「ちょっと待ってよ！」とがっかりし、腹も立ちます。売場にいると目先のことに憤慨しがちですが、もっと広い視野を持ちましょう。お客様は他の売場のお客様でもあります。自分が担当した商品をたまたま買わなかっただけの人に怒りをぶつけて、店のイメージを下げるようなことはやめましょう。

質問に答え、説明をよくした応対者の力量はきちんと認められます。この事例でも、

「商品知識があり、よく説明してくれた」と高く評価しています。ゴルフ仲間に「あの店の店員はよくアドバイスしてくれるよ。行ってみたら」と、話してくれるかもしれません。応対者の熱意は報われます。

2 06 「頭悪い！」と客をバカにする

花島由紀子さん（仮名　43歳）は老後の生活設計を考えようと、インターネットで複数の生命保険会社へ見積もりを請求しました。しかし送られてきた資料を見てもよく理解できずにいたところへ、タイミングよく家にX社から同世代の生保レディがきました。そのときの体験談です。

私は玄関先で生保レディにあれこれ細かく質問をしました。ときには彼女が答えられず、つまることもありました。それがたしか4回目になったとき、彼女は一瞬沈黙し、次の瞬間、

「こんなことがわからないなんて、**あんた頭悪い！**」

と吐き捨てるように言いました。はぁ？　わからないことを質問するのは当たり前でしょ。頭が悪いのは、説明できないあなたでしょ。

私は壊れてしまった彼女が怖くなり、帰ってもらうきっかけをつくろうとして、

「じゃ、申し込むときは会社へ連絡すればいいのね」

と言いました。すると、

「電話は、私にしてください‼　**あなたも大人ならそのぐらいわかるでしょ**」

あきれた、あなたと話すのが嫌だから「会社」と言ったのに、それもわからないなんて……。「アナタも大人でしょ」。もう！　死んでもこの会社の保険には入らないわ。

◇

花島さんの気持ちの流れをたどりましょう。

花島さんの気持ち

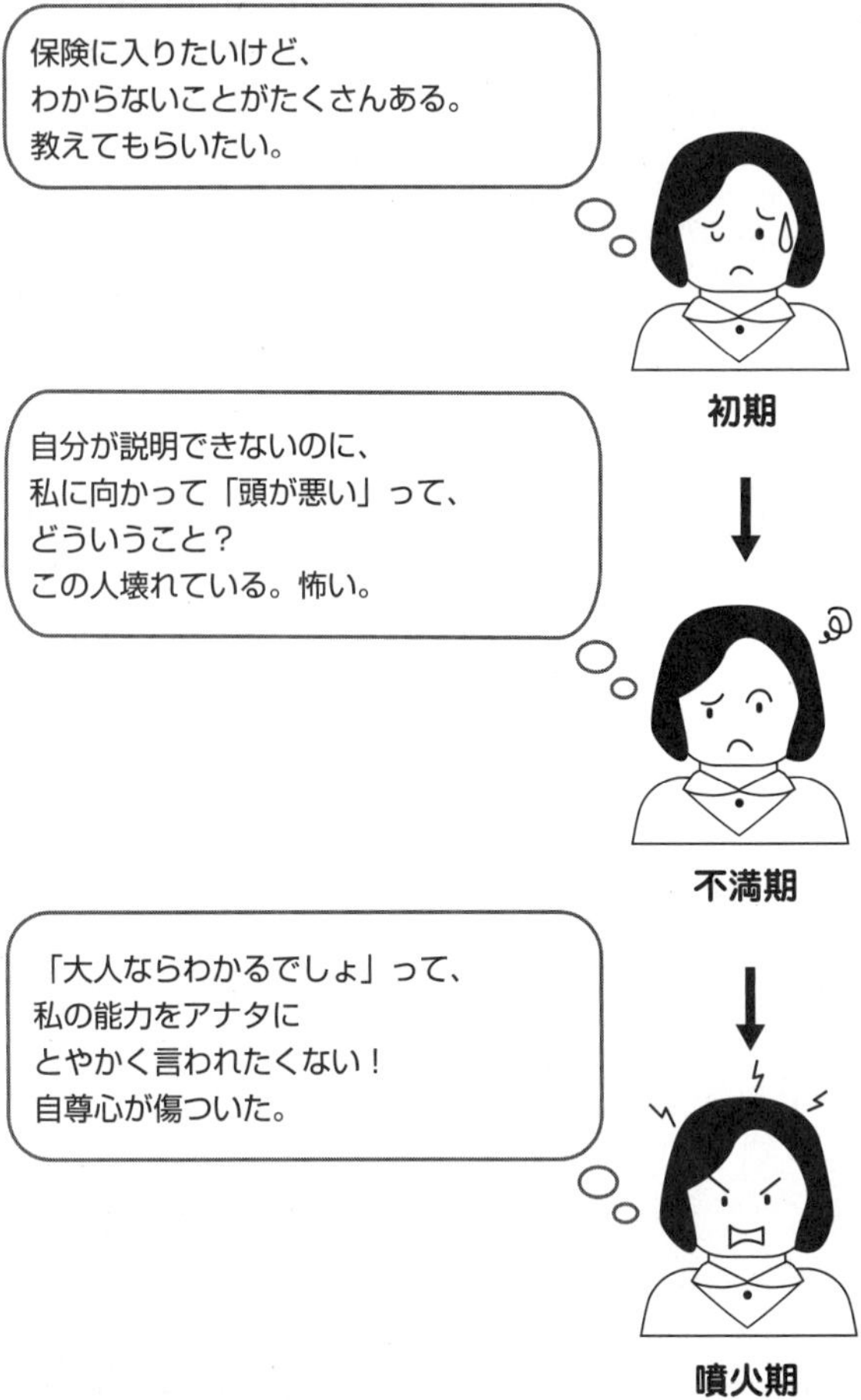
保険に入りたいけど、
わからないことがたくさんある。
教えてもらいたい。
初期
自分が説明できないのに、
私に向かって「頭が悪い」って、
どういうこと？
この人壊れている。怖い。
不満期
「大人ならわかるでしょ」って、
私の能力をアナタに
とやかく言われたくない！
自尊心が傷ついた。
噴火期

ではこの生保レディはどうすればよかったでしょうか。

望ましい言い方

あんた頭悪い

⬇

「申し訳ございません。○○については勉強不足でわかりかねますので、会社に戻って調べます。回答は明日でもよろしいですか」

大人ならそのぐらいわかるでしょ

⬇

「ありがとうございます。お電話はぜひ私、後藤宛てにいただけますか。そうしましたら、きょうお話をうかがったので、後の手続きがスムーズになります」

ポイントは、

❶自分が至らない点は素直に謝る

答えられないのは、質問したお客様が悪いのではなく、自分が勉強不足だからです。この点を「申し訳ございません」と素直に謝ります。だれでもお客様の前で回答できないと、困ってしまいます。だからといって不機嫌になり、お客様に気づかってもらって乗り切ろうというのは間違っています。お客様とは、想像もつかないことを聞いてくるものです。応対者はわからないことがあってもパニックになったり、押し黙ったり、いい加減なことを言ったりしてはいけません。わからないことは「わからない」と素直に認めて謝りましょう。

❷お客様の質問を確認する

お客様の質問へ答えるために調べることは、応対者の誠意をお客様に示すものです。このとき、自分が調べる内容がお客様の意図と合っているかを確認する意味で、「○○について調べます」とお客様に伝えます。これで思い違いを未然に防ぐことができますし、お客様は自分の意志が相手に伝わったと安心します。

③ 〝お客様のメリット〟と言って、自分の要求を通す

電話をするというお客様の言葉に、まずはお礼を言います。お客様が手間をかけてくださることへの感謝です。また実態は、成績が関係するので自分宛てに電話が欲しくても、それは自己都合なので、言われた人はいい気持ちがしません。ここは自分宛てに電話をすると、○○のメリットがお客様にあると伝えましょう。するとお客様は心が満たされ満足します。

プラスワン +1 テクニック

調べて後日連絡するときは、回答日を必ず伝えます。そして約束の日には、必ず連絡を入れます。もし回答を用意できなくても途中経過を伝えて、現状で不足している点とそれを得るためにあと○日待ってほしいと次の連絡日を伝えます。これを怠ると、大きな不信感を招きます。

お客様へ向かって「あなた頭が悪い」「大人ならわかるでしょ」のように、個人の能力を否定する発言は厳禁です。自らの自尊心を守るために発した言葉が、相手の自

尊心を大きく傷つけます。質問したお客様の気持ちを想像し、それを解決してお客様へ満足を提供するには、自分に何ができるかを考えます。1章⑮でお話ししたホスピタリティのマインドで切り抜けましょう。

2

07 笑顔の代わりのつり銭投げ

宮本直美さん（仮名　34歳）と次男（幼稚園児）の駅前ファーストフード店での体験談です。ここのスタッフは、言葉遣いはマニュアルどおりで正しいのですが、冷たい感じで、いつもみんな不機嫌そうです。宮本さんは、店の売りの〝笑顔〟に出会ったことがありません。

その日、私が並んだレジの女性スタッフも、相変わらず**不機嫌**でした。オマケ付きメニューを注文し、オマケの種類を指定したあと、横にいた次男が、違うオマケがいいとぐずりだしました。まずいかなと思いつつも「すいません。さっきお願いしたオマケを替えてくれますか」と、お金を払いながらスタッフに言いました。するとここから信じられない光景が……。

彼女はムッとした顔でいきなり**おつりをカウンターに投げました。**マニュアルもビックリ。親子であっけにとられて、その人を見ていましたが、あわててお金を拾い、商品が出るまで息を殺して待ちました。あ～怖かった。子供たちが好きなので、しかたなく今もこのチェーン店に行きますが、この一件以来、駅前の店は避けています。

◇

宮本さんの気持ちの流れをたどりましょう。

宮本さんの気持ち

スタッフがみな不機嫌で
雰囲気が悪い店だなぁ。
初期
店の人が不機嫌だけど、
子供がぐずるから、
オマケの変更を頼んでみよう。
不満期
いくら気に入らないからって
つり銭を投げることはないでしょ。
無礼だ！
噴火期

ではこの女性スタッフはどうすればよかったでしょうか。

望ましい言い方

不機嫌 → 笑顔と抑揚がある会話

つり銭投げ → 「オマケの変更でございますか」

ポイントは、

❶お客様を迎えるときは、笑顔でしっかりとお客様の顔を見る

なぜ笑顔は〝売り〟になるほど大切かを、この店のスタッフたちは理解していないようです。笑顔は「お客様、私はあなたさまをお迎えします」というサインです。笑顔を向けられると、お客様は自分が受け入れられたと思います。

心の中で「ニッ」と言いながら口の両端を上にあげると笑顔になります。さらに下唇をやや下げれば、優しさがプラスされます。口がこの形になると自然に心が明るくなります。あるデパートに、鼻の付け根にシワをよせただけの笑顔の人がいましたが、これは嫌々笑っているように見えました。3章01で笑顔が良い事例をお話しします。

❷言葉に抑揚をつける

「いらっしゃいませ。ご注文はお決まりですか」を抑揚をつけず早口で発音すると冷たく聞こえます。左のように「ら」「ち」「き」をイントネーションの山にして、句読点で間《ま》をとって発音すれば、抑揚が出て、明るく元気な印象に変わります。

いらっしゃいませ。ご注文は、お決まりですか。

❸申し出を受け止める

宮本さんはオマケを替えてほしいと頼むことに、申し訳ないなぁという負の気持ちを持っています。そこへ辛らつな応対を受けたので、傷口に塩を塗られたように、大きな痛みが発生しました。まずはお客様の申し出を受け止めて、心の負を取り除きましょう。

「オマケの変更でございますか」と、お客様の申し出を繰り返して、受け止めた姿勢を伝えます。次に変更が可能なら、笑顔で「かしこまりました」と応じます。変更不可の場合は、申し出を繰り返すときから声をやや落とし、眉間にシワを寄せてすまない気持ちを前面に出して、「申し訳ございませんが、在庫がないためにご希望には沿いかねます」のように、理由を添えてお断りします。この理由は店の手間や会社の方針など自己都合では反感をかいますので、在庫切れのように物理的なものにします。

プラスワン +1 テクニック

忙しいときにオマケを替えてくれなどのワガママを言われると、応対者はムッとくるものです。だからといって、つり銭をお客様に投げてすっきりするでしょうか。このスタッフも自分の不機嫌を他人にぶつけて、いたわってもらいたいタイプです。オマケ配布中は同じワガママを言うお客様が次々現われ、彼女はそのたびに不機嫌になる姿が想像できます。

ここは応対者の考え方を変えましょう。「お客様に喜んでもらえたらうれしい」というホスピタリティの発想になれば、多少手間でも、オマケの変更に応じてお客様の喜ぶ顔を見ると、自分にも喜びがやってきます。気持ちの持ち方で、腹立たしいことが楽しいことに変わります。仕事は楽しむように気持ちを切り替えましょう。

店の雰囲気が悪く、お客様に気を遣わせるのは最低です。店がお客様の上位にたって売ってあげている状態になっています。早急に改めましょう。

2 08 指摘されると「じゃぁいいですよ、やりますよ」

花島由紀子さん（仮名　43歳）は安さに惹かれて、有名スポーツブランドのアウトレットショップYへ買物に行きますが、販売員のやる気がない接客態度が不満です。その店での体験談です。

販売員は大声で「いらっしゃいませ」と言いながら売場を徘徊していますが、お客様と顔が合うと黙って目をそらします。先月、私のサイズのシューズが見あたらず、商品が並ぶ高い棚の前を行ったり来たりしているとき、販売員が次々と知らん顔で横を通り過ぎていきました。そのたびに振り返りますが、姿が消えています。やっと1人発見して在庫を聞けば、

「この棚に置いてありますから、探してください」

と言うだけ。安いから仕方がないと思うも、ヒマそうに歩いていたり、他の販売員としゃべっていたりするのを見ると、一緒に探してくれてもいいのになぁと思います。

先週の日曜日、安売りのチラシが入ったので、小学4年生の息子を連れて店へ行き、3500円のサッカーシューズを買いました。会計後、息子がユニホームも欲しいと言いだしました。そういえばチラシに「5000円以上で10％引き」とあったのを思い出し「これはお得！」と、急いで売場へ戻り、2790円のユニホームを持って、先ほどと同じレジに行きました。

「さっきシューズを買ったばかりで、これと合わせて5000円を超えます」

と、レジ係にレシートを見せながら言うと、「割引対象は1回の会計で5000円以上です」との返事。チラシを確認すると、「1回の会計で」とはどこにも書いてありません。

「チラシに書いてないわよ」

と言っても、「ダメです」の一言をひたすら繰り返すだけです。

「じゃぁ店長出してよ。店長と話すから」

今までにたまった鬱憤《うっぷん》もあり気色ばむと、

「じゃぁいいですよ」と面倒くさそうに言い、レジを打ち直して、10％引きにしてくれました。やればできるじゃない！　マニュアル人間はホント使えないわ。文句言って10％引いてもらっても、ちっともうれしくないです。

花島さんの気持ちの流れをたどりましょう。

花島さんの気持ち

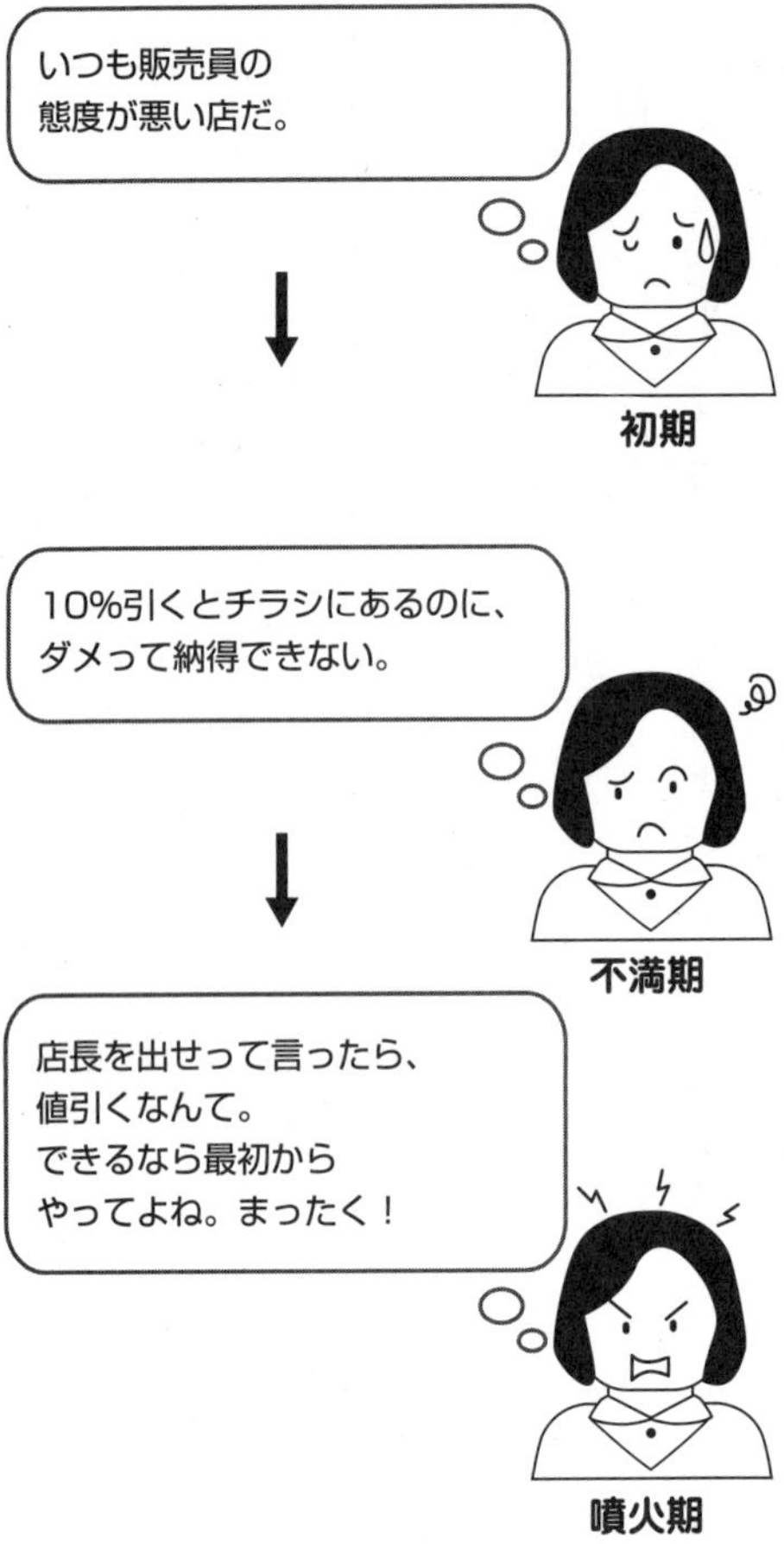
いつも販売員の
態度が悪い店だ。
初期
10%引くとチラシにあるのに、
ダメって納得できない。
不満期
店長を出せって言ったら、
値引くなんて。
できるなら最初から
やってよね。まったく！
噴火期

ではこのレジ係はどうすればよかったでしょうか。

望ましい言い方

じゃぁいいですよ

↓

パターン1（申し出の受付が不可能なとき）

「お客様、1回の会計で5000円以上のお買い上げにつき、10%値引きいたしております。恐れ入りますが、ご理解願います」

「さようでございますね。たしかにチラシは言葉が不足いたしております。申し訳ございません。今後このようなことがないように、チラシ作成者に申し伝えます。ご指摘ありがとうございます」

パターン2（申し出の受付が可能なとき）

「はい、では一度シューズを返品し、改めてシューズとユニホームをお買い上げになったようにレジを打ち直します。シューズのレシートをいただけますか」

ポイントは、

❶「ダメです」はダメです

お客様の期待に沿えないとき、凹んだお客様の気持ちを、さらに上からダメと押さえつけると、それをはじき返すエネルギーがお客様に生まれ、怒りとして噴火し、大きなクレームへ発展することがあります。割引対象を説明して理解を願うとともに、チラシの不備は素直に認め、「ご指摘ありがとうございます」のように感謝を示して、お客様の凹んだ気持ちを盛り返す応対をしましょう。

「チラシ作成者に申し伝える」と言うと、お客様は自分の声が生かされるならばと、少し気持ちが盛り上がります。

❷同じ言葉を繰り返さない

店や会社の方針でお客様の要望をどうしても受け入れられないときの対応は苦しいものです。応対者が同じ言葉だけで繰り返し断ると、お客様は要望だけでなく、自分の存在をも跳ね返していると感じます。これでは話が悪化します。断りのマニュアルは、その言葉だけを覚えるのではなく、なぜ受け入れ不可なのかを自分の言葉で納得しておきます。さらに言葉の種類を豊富に持ち、お客様の気持ちと共感したとき、一番ふさわしい断りの言葉が自然に出るようにしましょう。

プラスワン＋1テクニック

このケースでは、同じような申し出をしたお客様は多くいたと思います。チラシの表現が誤解を与えるものであれば、割引条件が「1回の買物で5000円以上」であることを書いたPOPをレジに貼り、店内アナウンスで流すなどの対応が必要です。そうすればレジ係は同じ申し出を1日に何回も聞かずにすみます。お客様の不快レベルも低下します。

お客様との会話のやりとりを通して、その表情、語気からお客様の気持ちを察知すれば、「店長を出せ」とまで言われないうちに適切な対応ができて、お客様の噴火は小規模で収まります。

他人の感情には敏感になりましょう。お客様の目元が釣りあがっている、口がへの字になっている、目に力がこもっている、声が大きい、語尾が強いなどは怒り満点のサインです。これを見たら危険信号です。応対のギアを入れ替えましょう。

2-09 タメ口《ぐち》でプライベートをガンガン聞くって何なの？

中澤佐登美さん（仮名　51歳）は美容院で話しかけられるのが苦手です。ゆっくりすごしたいので、話しかけられても気のない返事しかしません。そんな中澤さんと美容院のスタッフとの出来事です。

その美容院は、店長が髪をカットし、他のことは若いスタッフが対応します。先日、私を担当したスタッフは、おしゃべりが大好きで、タメ口でうるさく話しかけてくる女性でした。シャンプー中で顔の上にタオルがあって、会話しにくいときでさえも、おかまいなしに話しかけてきました。髪に毛染め液をつけながら、

「今日は暑かったねぇ」

「夏休みはどこへ行くの」

「生まれどこ？」

と言われ、50歳を過ぎた私が、18歳ぐらいの子にこのような口をきかれるなん

て……。がまんできなくなり、「だれに口きいているの」と大きな声で言ったら、店長が飛んできて私に謝りました。でも彼女は横で黙って立ったままです。

仕上げのブロー前にトニックをつけてくれました。それがオデコにたれてきたので、「タオルちょうだい」と早口で言いましたが、「エ～」と言ったまま動きません。結局、液はつぶった左瞼の上を通過して頰へ流れ、目はスースーピリピリ熱い！　私はなりふり構わず洗面所に駆け込み、目を洗いました。席に戻ると彼女の姿はなく、店長が待っていて、

「自分たちもよく目に入るんですよ。**パーマ液じゃないから大丈夫**」

とフォローなのか、開き直りなのか、涼しい顔で言ってのけました。これが接客業でしょうか。お客様への配慮がまったくありません。スタッフだけでなく、店長の態度も気に入りません。以来、私は二度とその店には行っていません。

◆

中澤さんの気持ちの流れをたどりましょう。

中澤さんの気持ち

私は話しかけられるのが
苦手なの。

初期

年上の人にタメ口で話し、
プライベートを聞くなんて！
失礼だわ。

不満期

客に不始末を謝らない
態度に唖然。

噴火期

ではこのスタッフはどうすればよかったでしょうか。

望ましい言い方

タメ口

←

「今日は暑かったですね」
「この夏はどちらかにお出かけですか」

パーマ液じゃないから大丈夫

←

「誠に申し訳ございません。目は大丈夫ですか」

ポイントは、

❶語尾に「です・ます」をつける

タメ口を大人の言葉に替える確実で手っ取り早い方法は、センテンスの最後に「です・ます」をつけることです。

❷プライベートな話をしない

プライベートなことは話題にしません。資産、学歴、住所、出身地、家族情報などです。この他にも政治、宗教、特定のスポーツチームの批評は禁止話題です。これらは論争の火ダネにもなるので避けます。住所はお客様カードの記入などでわかっていても口にしません。最近は物騒なので、周りに聞かれたくない個人情報です。

お客様が自らこれらのことについて話したときは、相づちを打つ程度にして、つっこみを入れたり、詳しく聞いたりするのはやめましょう。

❸詫びる

この事例のようにお客様からお叱りを受けたら、間髪入れずに「誠に申し訳ございません」と上半身を45度に折って詫びます。頭を下げている時間は、ふだんの挨拶のおじぎより長くします。

目に液が入ったように、お客様が体への影響を心配するものは、詳しく状態を聞き、自分の目でも確かめます。医師の診察をすすめて、治療代の支払い方法について相談をすればベストです。

お客様が「大丈夫」と言ったときは、「よかったです。誠に申し訳ございません」と謝ります。ホッとした声で「よかったです」と共感を示すと、お客様は自分を大切に思ってくれていると、気分を良くします。

プラスワン +1 テクニック

この女性スタッフはお客様とコミュニケーションを取ろう、話しながら楽しく仕事をしようと思ったのでしょう。しかし自分は話すことが楽しくても、お客様が楽しくなければ問題です。

店には幅広い年齢の人がやってきます。学生時代には出会うことがなかった年上の人たちとの接し方がわからなければ、店長や先輩たちの会話を参考にしましょう。「日本人は天気の話題が多い」と笑われますが、これが一番、無難です。

トラブルが発生したときは、自分が思っている何十倍ものダメージをお客様は受けます。「あ〜やっちゃった〜」と思ったら、すぐにはっきりした口調でお詫びし、最敬礼で頭を下げます。黙っていればお客様のダメージはさらに拡大します。

失敗はだれにもあります。仕事ができる人は、失敗後の対応が誠実にできる人です。お客様との間に起きた問題は、担当者だけでなく、会社や店という組織としての対応をお客様は求めます。自分だけでケリをつけようとせず、上司に報告して、組織として対処しましょう。

2-10 女性を一言で絶望に追い込む

中村香奈さん（仮名 28歳）の産婦人科体験談

初めて妊娠の兆候が出て、産婦人科へ行ったときのことです。期待に胸を膨らませ、待合室では、先生から「おめでたです」と言われるシーンを空想して待っていました。診察が始まり、超音波でみている先生に「おなかに子供がいるんですねぇ」と話しかけると、

「これ、まだ子供じゃないよ」

と一言で否定。ガ〜ン。ショック。確かに医学的には、子供と呼べないかもしれないけど、そんな言い方しなくてもいいのに。これから先、出産までこんな対応だったら嫌だと思い、別の病院に変えました。

花島由紀子さん（仮名　43歳）の婦人科体験談

30歳のとき、私は下腹のシコリに気づきました。もしかしたら婦人科の病気かと思いつつも、当時はまだ独身だったので、婦人科医院の敷居はとても高く、一日延ばしにしていました。しかし貧血がひどく、ある日、意を決して病院へ行きました。

カーテンで区切られた診察室の前の中待合室にいると、医師と患者の声が聞こえます。医師が問診したのち、

「その歳で子供が3人もいれば、**もう子宮なんていらないでしょ。**取りましょう」

すると「そんなー先生」と泣く女性の声。これにおかまいなしに入院の手続き説明に入る医者。待っている間こんなやりとりが繰り返し聞こえ、中待合室の人たちはみな下を向いて身じろぎもせず、石のように座っています。

私も取れと言われるのかな。これから結婚も出産もしたいのに。その場から逃げ出そうかと何度も思いました。20分後に診察室に入ったとき、私は医師の顔を見て貧血を起こしました。

今でも婦人科検診のたびにこの事を思い出し、嫌な気分になります。

◇

二人の気持ちの流れをたどりましょう。男性読者にはちょっとわかりにくいと思いますが。

二人の気持ち

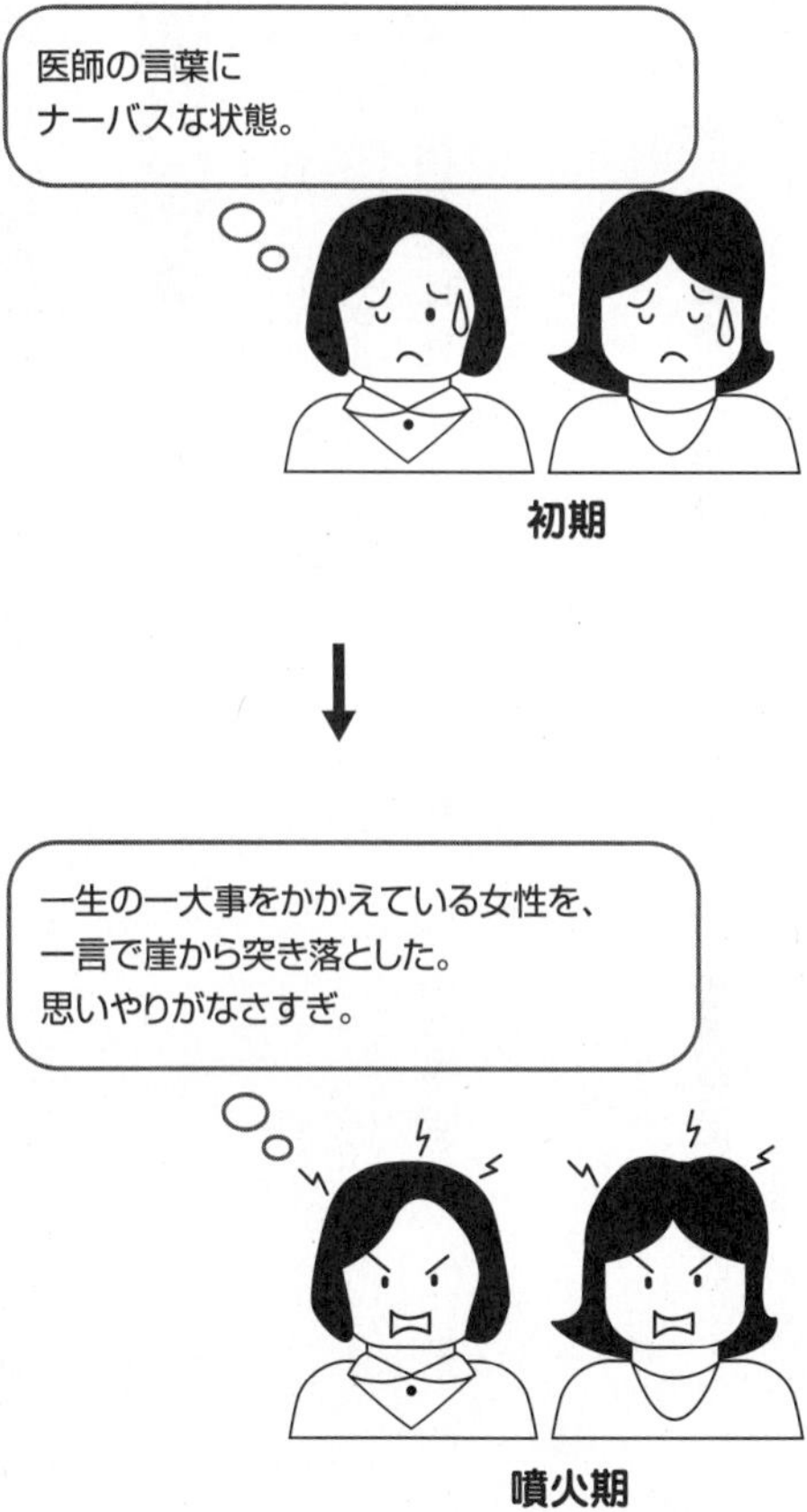
医師の言葉に
ナーバスな状態。
初期
一生の一大事をかかえている女性を、
一言で崖から突き落とした。
思いやりがなさすぎ。
噴火期

2人の産婦人科医はどうすればよかったでしょうか。

望ましい言い方

これ、まだ子供じゃないよ（中村さんの医師）

⬇

「医学的には、まだ子供といえる状態ではありません。心拍音が聞こえるまでもう少し待ってから判断しましょう」

ポイントは、**「否定的」な表現でなく、「肯定的」な表現を使うこと**です。

子供を期待をしている人に、「まだ子供じゃない」と医学的事実を直球で投げ込むのではなく、「○○な状態になると子供と言える」と肯定的に言いましょう。

もう子宮なんていらないでしょ（花島さんの医師）

⬅

「今の○○さんの子宮には××の問題があります。これを放置すると、△△などの悪影響が今後、考えられます。そこで摘出手術をすすめますが、残念ながらお子さんを産むことはできなくなります」

ポイントは、摘出の**メリット、デメリットを伝えること**です。さらに摘出をしない方法の紹介とそのメリットとデメリットも伝えられるとよいでしょう。

子供の数や年齢のように、本人が自分の力で変えることができないことを理由に、説得するのはやめましょう。手術を受けて、体を元気な状態にするというポジティブな印象の発言をします。子供が3人いるからといって、女性特有のものがなくてよいと言われると、患者は心に大きな傷を受けます。

いくつかの選択肢を提示して、その中から患者が自分で選べるようにすれば、納得の度合いが高まり、心を傷つけません。

また説明のときには、医学専門用語でなくだれにでもわかる言葉を使い、誤解を生むようなあいまいな表現は避けましょう。

プラスワン +1 テクニック

産婦人科の患者は、話の要領を得ない、泣く、取り乱す、だから医師がすっぱり会話をリードしていかないと、たくさんの患者をこなしきれないという事情があるのかもしれません。しかし風邪や胃痛と異なり、女性にとってはかなりナーバスな問題なので、患者が納得できる会話が必要です。

この会話に性差はありません。女性の医師から「使わないなら取れば」と言われると、男性の医師から言われたよりもショックが大きいです。またお姑さんから言われて傷ついた人もいます。つまり同性でも、相手の体を「物」としてとらえ、そこに尊厳を認める気持ちが欠けると出る発言です。どんなに正しいことでも、伝え方によっては相手の恨みをかいます。心も体も痛めている人には、話し手の考えを押し付けるのではなく、同じ目線から事実を語りかけることが大切です。同情や哀れみは不要です。

2-11 痛がって泣いているから治療ができない!?

宮本直美さん（仮名　34歳）の小学1年生の長男が、竹細工中に竹で手のひらを切りました。日曜日のため、車で20分ほどの救急病院へ連れて行ったときの体験談です。

待合室で40分も待っている間に傷口の血は止まりましたが、とても痛がっていました。やっと診察室に通され医師が消毒を始めると、長男は火がついたように暴れて泣きだしました。

すると医師は**「こんなに泣いてたら、治療ができませんよ」**とムッとしたように言い、薬を処方して私たちを家に帰しました。40分も待たされてこれだけかと、納得できない思いが残りました。次の日、近所の外科へ連れて行くと、そこの医師は、

「もう痛くないよ。傷口がよく付くように、チクッとするけど縫っておこうね」

と5針縫ってくれました。5針も縫う大きなケガだったのに、子供が痛がって泣いているのを理由に治療をしない人を医師といえるでしょうか。もう二度とあの病院へ

行かないと思いました。

◇

宮本さんの気持ちの流れをたどりましょう。

宮本さんの気持ち

長男が痛がっているから、早く助けてほしい。
初期
子供が泣いているせいにして、治療をしないなんて無責任だ。もっと親身になってくれ。
不満期
近所の医師の手厚い治療を受けたら、救急病院の医師のやる気のなさがはっきりした。もうあの病院には行かない。
噴火期

救急病院の医師はどうすればよかったでしょうか。

望ましい言い方

泣いてたら治療ができません

↓

パターン1

「（子供に向かって）よくがんばったね。もう痛くないよぉ」と声をかけて、子供の不安な気持ちを薄くしてから治療に入る

ポイントは、**共感の言葉をかける**です。

子供は手を切って出血したことに驚き、怖がっています。40分も待合室で痛がっていたので、まずは「よくがんばったね」と、共感の言葉で子供の気持ちを解きほぐしましょう。

上から押さえるように「もう泣かないの！」と一喝すれば、一瞬黙るかもしれませ

んが、何かのきっかけでさらに泣きだします。「こんなに切っちゃって……」と同情すると、子供にとって事態がより深刻になりますから、これもふさわしくありません。命令せず、同情せず、共感です。

パターン2

「申し訳ありませんが、私は外科の専門医ではないので、きょうは応急処置だけします。明日あらためて外科の医師の診察を受けていただけますか（別の○○病院を紹介しましょうか）」

ポイントは、**クッション言葉を使い、代替案を示す**です。

どうしても最低限の治療だけにしたいときは、そのことを患者が納得できる理由をつけて伝え、仕事放棄と受け取られないように代替案を提示します。案の内容は患者の今後の具体的な行動です。「明日、外科医の診察を受ける」「外科の医師が当直の病院を紹介するので、そちらへ行ってほしい」などです。

クッション言葉「申し訳ありませんが」＋提案言葉「～いただけますか」を使って、医師が案を提示し、それに対して患者が判断をする流れにしましょう。

「できません」だけでは、対応できずに逃げだした無責任な印象を相手に与えます。

プラスワン ＋1 テクニック

医師の気持ちを筆者は次のように推察します。

①混雑していてとても大変。あ～もう疲れた

②自分は外科の担当ではない。泣き叫ぶ子供の手を縫うのは苦手だなぁ

③子供は肉が付くのが早いから、血が止まっているし、あえて縫うこともないだろう

①と②の気持ちであれば、まずは自分の精神力と技術力の問題を克服しなければなりません。患者に弱みを見せたくないと、自分を守るために相手を責める言葉を発するのは間違いです。自己チュー度が高くなっています。

③の気持ちであれば、そのことを母親に伝えます。彼女は気持ちが動転していますから、目を見て、今の傷の状態、今後の治療の方針を説明し、「はい」という返事を

受け取りましょう。そののち再度、重要な点を繰り返し伝えます。母親にその場で伝えたことをメモしてもらい、それをお互いに確認するのも一つの方法です。文字を書くと、彼女の頭が冷え、伝えたことが残ります。

2-12 ミスに気づくが一言もない

遠藤将司さん（仮名　37歳）が、7年ほど利用しているカーディーラーは物忘れが多い店です。そこの営業マンから寂しい思いをさせられた体験談です。

以前、出かけようと思ったら車のバッテリーが上がっていました。私が慌ててカーディーラーに電話をすると、出た女性が調子よく言いました。

「すぐにサービスマンをうかがわせます」

ところが20分待ってもだれもきません。あそこからなら10分もあればこられるハズなのに。シビレを切らしてまた電話をすると「いま出ました」。これじゃ蕎麦《そば》屋の出前じゃないか。

先日このカーディーラーに車検を頼みました。終わったと連絡があったので取りに行くと、店の中に「本日ご来店のお客様」というボードがあり、○○様車検完了、○○様点検完了と貼り出されていました。へぇ～、私の名前はどこかなと、目で探しました。右から左へ、左から右へ。しかし何度見ても私の名前はありません。なんだ！　また忘れたか。

帰り際、営業マンに「私の名前はここにないですねぇ」と嫌味たっぷりに言うと、彼は**シマッタという顔をした**ものの、**「ありがとうございました」と、最敬礼で私を送り出しました。**これではうるさい客を追い返したい気分が丸見えじゃないか。私は貼り出す価値がない客なのだろうかと思うと、寂しい気分になりました。もうあの店で点検も車検も、買い換えもしないぞ！

◇

遠藤さんの気持ちの流れをたどりましょう。

遠藤さんの気持ち

すぐくると言ったのにこなかった
ことがある。店への信頼感が薄い。

初期

自分も該当者なのに名前が
貼り出されていない。
7年も使っているのに、
お得意様扱いされないなんて。
もっと大切にしてくれ。

不満期

自分のミスを認めたら、
ごまかさず謝れ！

噴火期

まずは、電話を受けた女性はどうすればよかったでしょうか。

望ましい言い方

すぐにサービスマンをうかがわせます

↓

「それはお困りですね。すぐにサービスマンに連絡をとり、遠藤様のお宅に20～30分後に到着するように手配いたします。道路の混雑状況によっては多少遅れるかと思いますが、お待ちいただけますか」

ポイントは、

❶最初に共感の姿勢を示す

バッテリーが上がって、予定どおり出かけられず困っているお客様への最初の発言は、共感の言葉です。「お困りですね」と言われると、アクシデントに動揺していたお客様の気持ちがふと和らぎ、さらに自分のことを理解してくれた、大切にされたと喜びます。

❷到着時刻を知らせる

「すぐに」の長さは、ＴＰＯによって、人によってまちまちです。お客様が自分勝手に設定した時刻に、到着しなかったと不満を言われても困ります。それを防ぐには、到着時刻を明らかにすることです。応対者が判断できないときは、サービスマンに確認したのち、到着予定時間を改めてお客様へ連絡しましょう。

サービスマンがお客様宅に着いたときに、遅いとお叱りを受けるか、早いと感謝されるかは、応対者の言葉にかかっています。同僚に迷惑をかけない応対をしましょう。

次に、営業マンはどうすればよかったでしょうか。

望ましい言い方

シマッタという顔をしたが、最敬礼で送り出し

↓

「遠藤様、私どもに不手際があり、申し訳ございません。ご指摘ありがとうございます。今後このようなことが起こらないように十分注意をいたします。またのご来店をお待ちしております」

ポイントは、

❶お客様を名前で呼ぶ

人は名前を呼ばれると、相手は自分のことを個人として認めてくれたと良い印象を持ちます。そこでまずは、〝遠藤様〟と名前を呼びかけて、彼の凹んだ気持ちを盛り返しましょう。

❷名前の掲示漏れは事実ですから、心をこめて謝る

応対者側に間違いがあることが明白になったとき、間髪入れずにそのことについて、素直にお詫びをします。言い訳は、自分を守りたい応対者の自己チューです。お客様との関係を悪化させます。

❸指摘を受けたことを感謝する

これで、お客様の意見を受け入れる気持ちがある＝お客様を大切に思っている、とミスに対する悪印象を挽回できます。

❹はっきりと再来店をお願いする

反省の言葉のあとに今後も顧客でいてほしいと再来店をお願いします。反省なくして再来店を促すと、厚かましい！　と、さらに噴火の規模を大きくします。

プラスワン
+1
テクニック

お客様は忘れられたことで、自尊心が傷ついています。それをフォローするには、「いかに大切に思っているか」をお客様に全身で伝えることです。応急処置は、「謝る」「名前を呼ぶ」です。あとは誠実な対応です。

仕事をしていれば、だれでも過ちはおかします。そのときは誠心誠意謝り、問題の解決、再発防止に心を砕きます。なぜ遠藤さんは最後に嫌味を言ったのか、店はなぜ掲示を忘れたのか、「なぜ、なぜ」を繰り返して、応対の改善に取り組みましょう。

これまでに失敗をした事例をいくつか紹介しましたが、応対者はお客様の奴隷ではないので、ミスをしたからと卑屈になったり、それを隠したりするのはやめましょう。誠意を持って堂々と対応します。ただし〝堂々〟と、〝態度が大きい〟のは違います。この点は間違えないようにしましょう。

3章

感動の接客実話

3-01 不愉快な場面も微笑みで切り抜ける

事例1　中澤佐登美さん（仮名51歳）と病院事務員との話

土曜日の昼ちかくに熱っぽくなりました。明日は病院が休みだから、今日中に行こうと思いましたが、まもなく受付終了時間です。大急ぎで病院へ行くと、事務員がドアに「終了しました」の札をかけているところでした。でも私の姿を見たとたん、にこっと笑って、

「間に合ってよかったですね」

と言いながらドアを大きく開けて、中に入れてくれました。助かったぁと、うれしくなりました。

事例2　栗原達治さん（仮名　56歳）と税務署員の話

ＮＰＯの設立届を出しに税務署へ行きました。私は税務や会計のことを何一つ知らないため、とても不安でした。しかし担当の若い男性は、１時間以上、私の**素人質問**

へにこやかで丁寧に答えてくれました。そして今後への親切なアドバイスもくれました。

はじめの不安はすっかり消え、理解できたことで心が軽くなりました。うれしくて帰るときに「ありがとうございました」と言うと、彼はにっこりして、**「がんばってください」**と答えてくれました。税務署でこんなに優しく親切な応対と励ましをもらうとは意外で、うれしかったです。

◇

二人の気持ちの流れをたどりましょう。

二人の気持ち

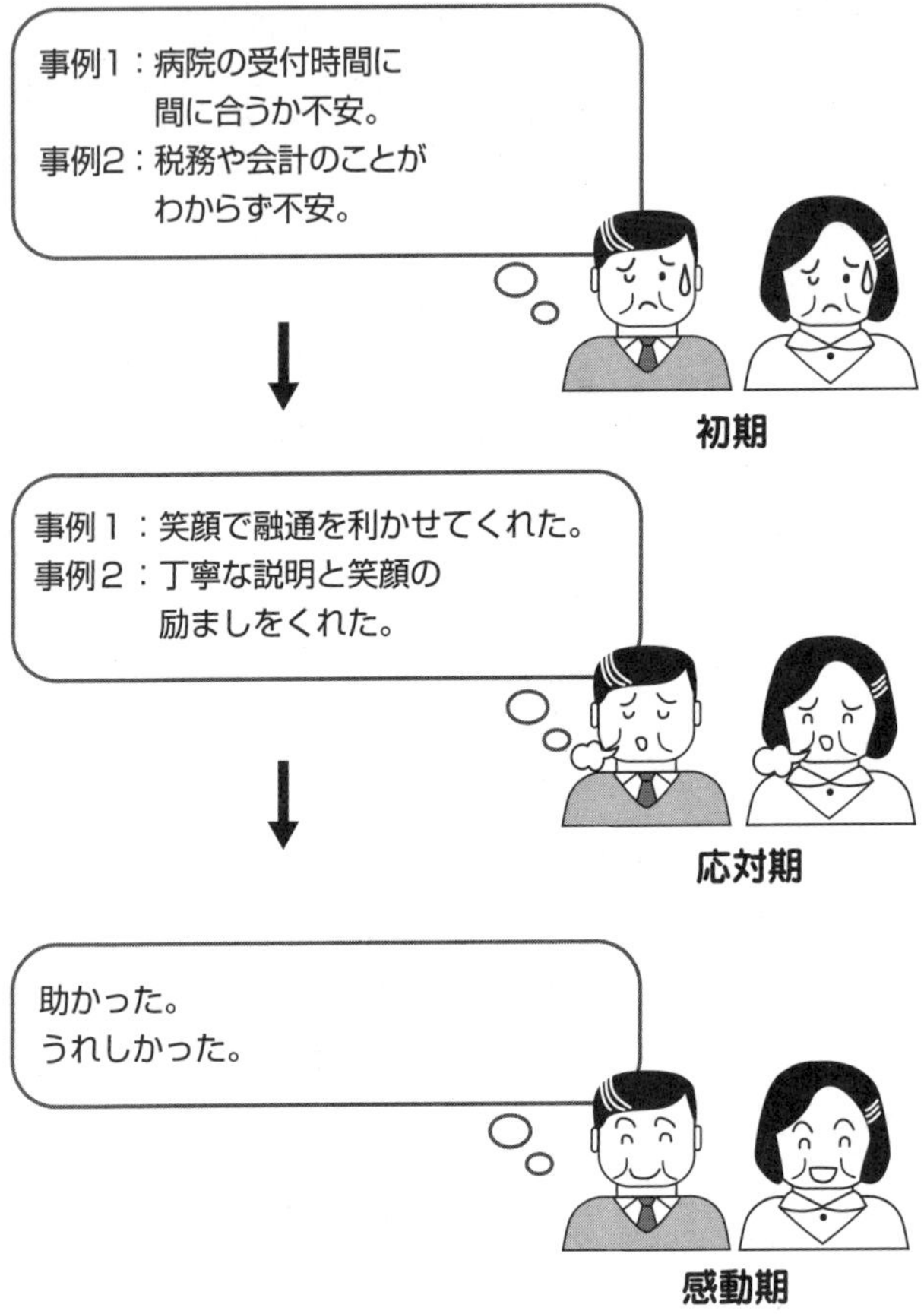
事例1：病院の受付時間に間に合うか不安。
事例2：税務や会計のことがわからず不安。
初期
事例1：笑顔で融通を利かせてくれた。
事例2：丁寧な説明と笑顔の励ましをくれた。
応対期
助かった。
うれしかった。
感動期

応対者のどこがよかったでしょうか。

感動のもと＝面倒なことを嫌がらず、笑顔で応対した

2章「お客様はこれでキレた」に登場した応対者でしたら、面倒を持ってきたお客様へ自分の悪感情を一言ぶつけるような事例です。しかしこの応対者たちはお客様の立場で考え、喜びを共有するホスピタリティの応対を行ったために、自然に微笑みが表情に出ました。

「笑顔」は応対のレベルを上げる技です。笑顔で話しかけることは、「あなたさまに好意を持っています」というサインの送信です。笑顔で話を聞くのは「あなたさまを受け入れています」というサインです。

事例の中澤さん、栗原さんは不安を抱えて心が硬い状態で応対者に会いました。そこに笑顔を向けられて、「私は受け入れられた」と感じ、心が柔らかくなり、応対した人へ良い印象が生まれました。このような関係ができれば、突然、キバをむいて応対者にかかってくる人はいません。穏やかにこの後の会話をすすめることができます。

人間は笑顔に弱いものです。筆者も顔を合わせた瞬間に、輝いた笑顔を向けられると、調子にのって頼まれもしない仕事まですることがあります。ある女性は、ちょっ

と目じりを下げて好奇心を光らせた人懐っこい微笑みで仕事の話をします。するとこの微笑に応えたいと、私はワクワクした気持ちになります。おかげで充実感がある心地よい仕事をすることができます。本人に聞くと、子供の頃からお母様にコミュニケーションの大切さを教え込まれたそうです。

一方、筆者と顔を会わせると、必ず眉間にシワを寄せる男性がいました。機嫌が悪いのか、この仕事をしたくないのか、はたまた私が嫌なのか。あれこれと思いめぐらして、私は仕事へのノリがいまひとつになりました。あとで聞くと、この人はコミュニケーションが苦手で、本人も悩んでいるそうです。笑顔はコミュニケーションの第一歩です。苦手な人は、相手と顔を合わせた瞬間に微笑みましょう。これで相手との間の垣根がぐっと低くなり、苦手意識が薄らぎます。

どんな人も素晴らしい笑顔を持っています。ただ笑顔を浮かべるのに時間がかかる人がいます。そのような人は、日頃から鏡に向かって目尻を下げ口元を上げるストレッチをしましょう。お客様と良好な関係のときは、目尻を下げ、左右の口元を上げて、親しみやすさを出します。それ以外のときは口元だけを上げて相手を受け入れている印象を出します。応対中にキレそうになったら、左右の口元を上げて、声を明るめに、ややゆっくり話すことに神経を集中します。これでキレるタイミングを失い、相手にこちらの不快な思いを見せずにすみます。お客様だけが怒っているのは、時間がたてば収まります。お客様と応対者の怒りが輪になって回ってしまうと、手をつけられなくなります。そうなる前に笑顔をつくって怒りの輪を断ちましょう。

3-02 その一言が幸せを運ぶ

事例1　遠藤将司さん（仮名　37歳）とレンタルビデオ店員の話

話題のＤＶＤをレンタルビデオ店へ借りに行きました。３部作なのでまず1作目を見て、おもしろかったら続きをあらためて借りようと思い、ＤＶＤが並んでいる棚から1本選んで、受付カウンターへ持っていきました。すると20歳前後の男性の店員が、「これは３部作の**2作目ですが、よろしいですか**」と、**丁寧な言い方**で聞いてきました。あわててパッケージをよく見ると確かに２作目です。危な～い！　確認してくれてよかった。親切な店員で助かりました。

事例2　中村香奈さん（仮名　28歳）と和菓子店レジ係の話

昼どきの混んでいる和菓子屋さんでレジに並びました。しかし子供が店内をウロチョロ歩き回って危なっかしいので列から離れました。子供の手を引いてレジに戻ると、私の後ろにいた人がレジカウンターに商品を出しているところでした。するとレ

ジの女性が、

「すみませんが、あちらのお客様が先に並んでいたので、**あちらの方を先にしていいですか**」

と言ってくれました。気を遣ってくれてありがとう。私は感激しました。

事例3　花島由紀子さん（仮名　43歳）と駅員の話

駅のトイレでコンタクトレンズを落としました。薄暗いため、これでは探し出せないと、駅事務室へ懐中電灯を借りに行きました。すると駅員が、

「コンタクトレンズって高いんでしょ。**一緒に探しますよ**」

と、言ってくれました。地獄に仏。心細い気持ちがこれで救われました。

二人で床に這いつくばって探しましたが見当たりません。私が「あきらめます」と言うと駅員は、「もう少し探しましょう」とはげましてくれました。そして光るモノを発見。あった！　コンタクトレンズ。私一人だったらコンタクトレンズがなくて目は見えないし、根性が出なかったし、絶対に見つからなかったと思います。

「駅員さん、おかげさまで助かりました。ありがとうございました」

三人の気持ちの流れをたどりましょう。

三人の気持ち

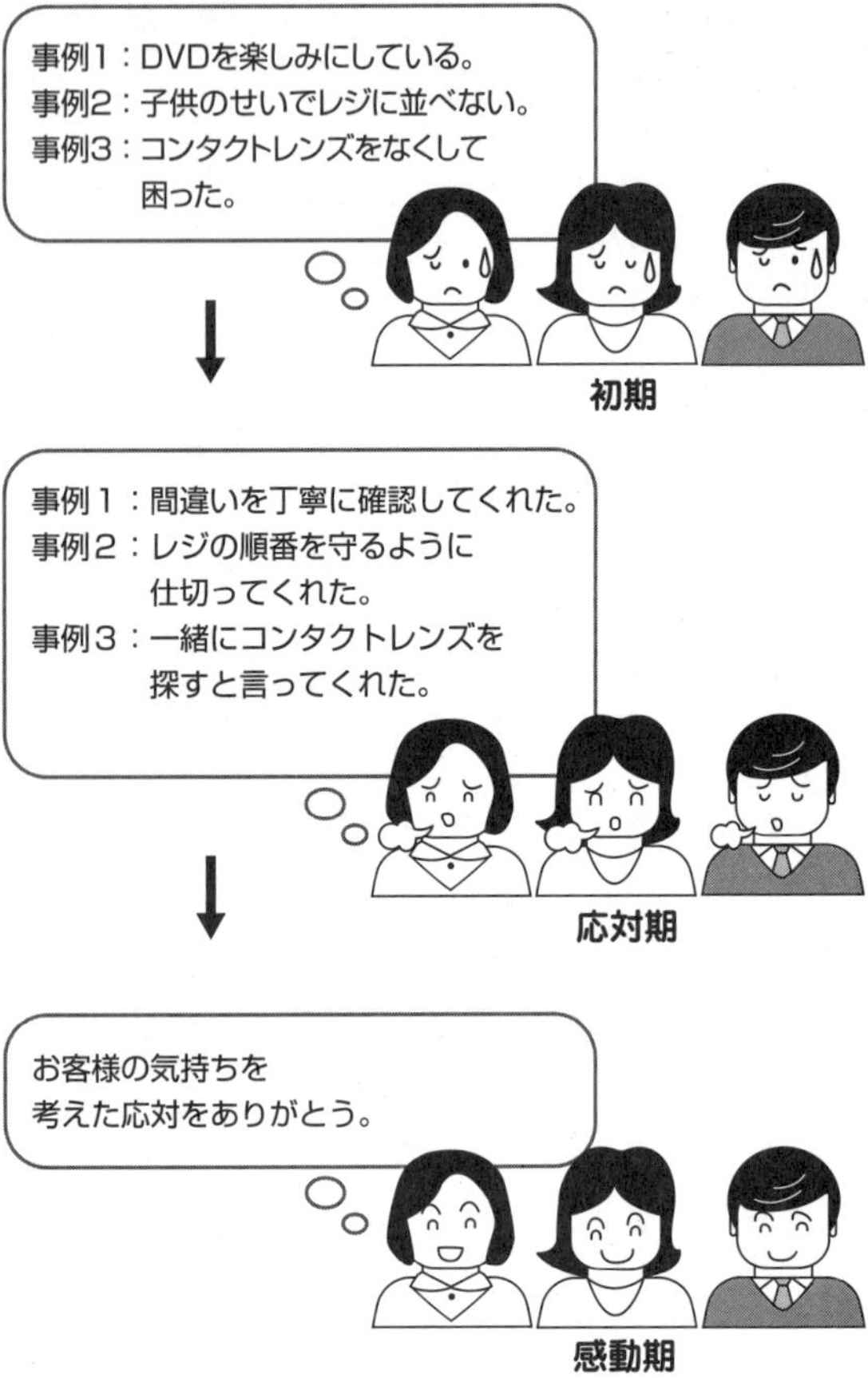
事例1：DVDを楽しみにしている。
事例2：子供のせいでレジに並べない。
事例3：コンタクトレンズをなくして困った。
初期
事例1：間違いを丁寧に確認してくれた。
事例2：レジの順番を守るように仕切ってくれた。
事例3：一緒にコンタクトレンズを探すと言ってくれた。
応対期
お客様の気持ちを考えた応対をありがとう。
感動期

応対者のどこがよかったでしょうか。

感動のもと＝お客様の立場で考え自尊心を大切にした

この事例の3人の応対者は、お客様を自己責任で切り捨てなかった点が評価されました。

事例1では、遠藤さんが持ってきたDVDを事務的に処理するのではなく、勘違いだったら困るだろうなと、お客様の気持ちを想像したので、確認しました。「2作目でいいんですかぁ」と強い口調で言うと、お客様は「間違えるなんてマヌケだなぁ」と責められているようで、自尊心が傷つきます。要注意です。この応対者のように丁寧に言えば、確認をしただけなので、お客様は傷つきません。また「お間違いございませんか」という言葉をよく聞きますが、これも、お客様が間違えていることを前提にしているようでふさわしくありません。

事例2はよくある場面です。人は自分の順番が守られないと、存在を否定されたようで不快感を感じます。大きな例では、次は自分が課長だと思っていたのに、後輩に先をこされたり、小さな例では、バスに乗る順を後ろの人に抜かされたり。

順番をコントロールできる応対者はお客様から信頼を得ます。この事例では、中村さんは列から離れたので、後回しでも仕方がないと納得しつつも、子供がウロチョロするので早くレジを済ませたい気持ちもあったでしょう。そんなときに、「順番を守ります」と、レジ係に言ってもらったので、このように感謝しました。

またこのレジ係は理由を伝えたうえで、「あちらの方を先にしていいですか」と確認することで、次のお客様の自尊心も大切にしました。「先にします」「先にさせてくださ い」では命令調で、次のお客様としては理屈ではわかっても、感情としては面白くありません。このような場面では、両方のお客様の自尊心を大切にすることに注意を払いましょう。

事例3は、高価なコンタクトレンズを使っている人でしたら、なくした悲しみ、見つかった喜びがよくわかるでしょう。なくしたときは頭が真っ白になり、1万円札に羽がはえて飛んでいく姿が見えるようです。次のコンタクトレンズが出来上がるまでの、視力が不自由な時間を思うと落ち込みます。また、なくしたレンズを探そうとしても目が見えないので一苦労です。そんな暗い気持ちのときに「一緒に探しましょう」と言われたら、〝地獄に仏〟です。私は大切にされていると、うれしくなります。

「こんな暗いところでコンタクトレンズを外すからなくすんですよ!」「まぁ見つかりませんねぇ、お気の毒に」などの批判や同情でも、なくした花島さんは受け入れるしかありません。しかしこの駅員は、その口調からするとコンタクトレンズの使用者ではないようですが、困っている花島さんの気持ちを理解し、共感しました。その結果、感動を与える言葉を生みました。

3 03 ゴメンナサイが素直に言える

事例1　宮本直美さん（仮名　34歳）とお客様センターの話

買ってすぐのおもちゃが壊れました。メーカーに連絡して「お子さんが壊したのでは？」と言われたら気分が悪いなと思いましたが、壊れたままも困るので、思いきってパッケージに書いてあるお客様サービスセンターに電話しました。センターの人は私から故障の状態を詳しく聞き出し、その情報から原因を見つけようとする真摯な姿勢がよく伝わってきました。そして何より子供を疑うような発言をせず、

「**ご迷惑をおかけしまして、申し訳ございません。**すぐに交換の商品をお送りいたします」

と言ってくれました。物よりも素直に謝ってくれたことがとてもうれしかったです。

事例2　中澤佐登美さん（仮名　51歳）と時計店の話

商店街の時計店でお店の人にウィンドーからあれこれと時計を出して、見せてもら

いました。商品の特徴や機能について質問をすると、店主らしい男性は答えにつまることがありました。しかしそんなときは資料を出して、それを見ながら親身に答えてくれました。結局、私の心にヒットするものがなく買いませんでした。お店を出るときに、彼は、

「私の知識不足で**わからないことも多くてすみませんでした。**またお越しください」

と声をかけ、買わなかった私を嫌な顔をせずに見送ってくれました。とても恐縮しました。

事例3　清水大輔さん（仮名　25歳）と役所の話

役所の窓口が混雑していて、私の番がくるまでに午前の手続き締め切り時間になりました。しかし窓口の人は引き続き私たちの応対にあたってくれました。当然といえばそうですが、昼食もとらずにせっせと働いている彼の姿が、職場の一番若手でひたすら仕事をこなしている自分の姿と重なり、応援したくなりました。私は手続きが終わったときに、彼に「どうもありがとう」と言うと、

「いえ、**お待たせしてすみません**」

と丁寧に言ってくれました。彼の心意気に感銘を受けました。

三人の気持ちの流れをたどりましょう。

三人の気持ち

事例１：子供がおもちゃを壊したと言われたら嫌だな。
事例２：時計店主の商品知識がやや不安。
事例３：役所で待たされ、受付時間が過ぎてしまった。
初期
事例1：子供を疑わず、素直に謝った。
事例2：わからないことは調べ、自分の商品知識不足を謝った。
事例3：昼食もとらずに仕事をし、待たせたことを謝った。
応対期
素直な謝罪はうれしい。
感動期

応対者のどこがよかったのでしょうか。

感動のもと＝仕事へ真摯に取り組み、素直に謝る態度

３つの事例に共通しているのは、応対者の関心が「自分の仕事」の内容にあり、お客様の批評でない点です。それゆえに仕事へ真摯な態度で取り組み、問題が発生したときに素直な詫びの言葉が出ました。

事例１は、サービスセンター応対のお手本といえます。

STEP1　故障の状態やお客様の話を十分に聞く
STEP2　「迷惑をかけたこと」をお詫びする
STEP3　代替品の送付などをすみやかに行う

これらの一連の流れがきれいにできています。主観を加えず、事実確認を積み重ねてお互いが故障について共通の認識を持つことで、壊れたのは子供のせいと言われたら嫌だなというお客様の不安を取り去りました。故障原因をつきとめるための質問をする、その答えを復唱するという作業を繰り返すと、双方に問題点が見えてきます。

お客様が自分の勘違いに気づかない、誤使用をしたなどの非がある場合も、この方法で粘り強く対応し、本人が自分の非に気づくようにします。

どんなときもお客様へは性善説で対応します。性悪説ではどうしても相手を疑ったり、否定する発言が出たりで、聞き手は自分に対する悪意を感じて心を閉じ、コミュニケーションの土台を築くことができません。

応対者側に非があるときは、気持ちをこめて謝ります。謝りの言葉については5章⑥で詳しくお話をします。

事例2は、2章⑤で紹介したゴルフ用品売場の応対者と同じように、親身に接客したものの売上につながりませんでした。しかしこの時計店主は買物をしなかった中澤さんを責めていません。知識がない自分を詫びたうえで、親身に応対しています。質問の回答がスムーズにできないからといって、お客様へキレていません。同じような場面に遭遇しても、前向きに考えれば、楽しく仕事はできます。

事例3は、長時間待たされた清水さんたちは応対者が必死に対応している姿を見て、だれも怒る気持ちにはなれず、甘んじて受け入れていたと思います。

忙しいときは、自分が大変だという気持ちが先に立ち、荒い応対や恩着せがましい応対をしがちです。そんなときは「お待たせして申し訳ございません」を頻繁に言いましょう。この言葉でお客様の応対者に対する心はふと和み、それが応対者にも伝わり、落ち着いてきます。お客様を待たせたときのオマジナイです。

3-04 あ、そこ、痒いところに手がきた

事例1 宮本直美さん（仮名 34歳）と客室乗務員の話

夏休みに飛行機で帰省しました。飲み物のサービスのときに、「スープは温かいですか」と確認してからオーダーしました。すると客室乗務員は、カップを私に渡しながら、

「のちほど毛布をお持ちしましょうか」

と言いました。エ⁉ じつは機内のクーラーが効いていて、ノースリーブを着ていることを後悔していたところでした。私の「飲み物は温かいか」という質問から、寒がっているのでは？ と感じ取るとはさすが客室乗務員。気配りがすばらしい。痒いところに手が届いたサービスでした。

事例2　中村香奈さん（仮名　28歳）とカフェ従業員の話

カフェにベビーカーで入りました。右手に注文したものを載せたトレイ、左手にベビーカーの姿は、混雑している店内で危なげでした。すると店の人がカウンターから出てきて、

「混雑していますから、**トレイを運びましょうか**」

と言い、席へ持っていってくれました。帰るときも、「ありがとうございました」と言いながら、店の戸を全開にしてベビーカーが通りやすいようにしてくれました。

この様子が自然で、気分がよく、またきたいと思いました。

◇

二人の気持ちの流れをたどりましょう。

二人の気持ち

事例１：ノースリーブで寒かったので、
機内サービスに温かい飲み物を
頼んだ。
事例２：混雑しているカフェで、
ベビーカーとトレイを
運ばなければならない。

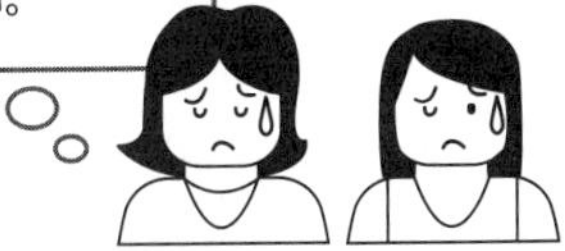

初期

事例１：寒がっていると察してくれた。
事例２：移動しやすいように
助けてくれた。

応対期

様子を見て、私に合った
サービスをありがとう。

感動期

応対者のどこがよかったのでしょうか。

感動のもと＝お客様の心を察して、オリジナルな応対をした

お客様が求める前に気持ちを察して行動することは、なかなかできません。しかし彼らは「好奇心」と「緊張感」を持って仕事をしているので、次のような情報を得ることができました。

●なぜ夏の暑いときに、温かい飲み物を求めるのだろう　↓　寒いのかな？

●混雑の中、ベビーカーとトレイを両手に歩いている　↓　危なそう

好奇心が情報をキャッチして、緊張感が心に働きかけ、お客様が喜ぶことは何かと考えた結果の行動がお客様の感謝を受けました。応対者は他人のことに関心を持たず、自分のカラに閉じこもり、与えられた仕事をこなしているだけでは、何も感じ取ることができません。

「人の心を察することが苦手」という人は、観察推理ゲームをしてみましょう。たとえば、

（観察）隣の席の人が目の下にクマをつくっている。けさは機嫌がいい。

（推理）早朝から大リーグの放送があった　↓　彼は野球のイチロー選手が好き

↓ 見ていたのでは？

（発言） イチロー選手、きょう打った？

これにのってくれれば「当たり」と一人で喜びましょう。

好奇心と緊張感を持って仕事をすると、アンテナにいろいろなモノがひっかかります。個々に対処していると、マンネリが消え、違った毎日がやってきて楽しくなります。楽しく働いている応対者を見ることは、お客様にも楽しいことです。

余談ですが、「Aさんがやっている仕事は楽しそうでいいなぁ。それに比べて私なんか」と言う人がいます。Aさんが異動になり、その仕事が「私」にきたら満足かというと、そうはいきません。やっぱり「私」は不満だらけです。これはAさんが「楽しい仕事」にしていただけです。「私」に仕事を楽しむ気持ちがなければ、どんな仕事についても不満がつきまといます。

スポーツ選手で大きな試合の前に「楽しんでやりたいです」とコメントする人が多くいます。彼らは決して、浮かれた気持ちで楽しむのではなく、大舞台に挑む緊張感を最大限に生かしたいと、この言葉を口にするのだと思います。

なお、痒いところに手を出すとき、注意することが一つあります。相手と同じ高さに立つことです。「私はやってあげている」という見下した態度は反感をかいます。

それを防ぐには思い込みを捨てることです。自分がしたいことが、他の人には迷惑なこともあります。行動に移す前に、それを相手に提案し、受け入れるかどうかの判断をしてもらいましょう。

3-05 えっ？　覚えていてくれたの

事例1　遠藤将司さん（仮名　37歳）とホテルマンの話

年に2回ぐらいですが、出張するときはいつもAホテルに泊まります。予約の電話で、「株式会社○×の遠藤ですが～」と名乗ると、

「遠藤様、いつもお世話になっております」

と必ず挨拶してくれます。名前を復唱するように教育されているだけかもしれませんが、こう言われると「私のことを覚えていてくれたのかなぁ」とうれしくなります。

事例2　清水大輔さん（仮名　25歳）と取引先受付係の話

取引先の田中物産受付係の女性たちは、いつ見ても笑顔が素敵です。あるとき田中物産から次の会社へ回り、名刺入れを出そうとするとありません。どうも先ほど、打ち合わせブースに忘れたようです。そこで田中物産へ戻り、受付の女性に名刺入れの忘れ物について聞きました。すると、

「はい、清水様。お預かりいたしております」

とカウンターの内側から出してくれました。私の顔と名前を覚えている！　1日に何百人もの人を相手にしているのにすごい。より一層、彼女たちが素敵に見えました。

◇

二人の気持ちの流れをたどりましょう。

二人の気持ち

事例１：出張でいつもAホテルを
利用している。
事例２：取引先に忘れ物をした。
初期
事例１：宿泊予約の電話をすると、
名前で呼びかけてくれる。
事例２：顔と名前を覚えていて、
すぐに忘れ物を渡してくれた。
応対期
私を覚えていてくれて
うれしい。
感動期

応対者のどこがよかったのでしょうか。

感動のもと＝覚えられていたことで、お客様は大切にされていると実感した

来店もしくは来社頻度が高いお客様のことは、直接の担当でなくても、なんとなく覚えているものです。それを積極的に表現したのがこれらの事例です。

現代人は大衆の中の一人ではなく、名前がある個人として認められると、自分の存在が尊重されたと自尊心が満たされ、私は大切にされていると、喜びを感じます。

「お客様を名前で呼びましょう」と教育している店があります。クレジットカードやメンバーカードの使用で名前がわかるので、その時点からは「お客様」でなく、「○○様」と個人名で呼ぼうというものです。その理由は、個人名で呼ぶことで、十把一絡げでなく、個人として認めた、大切なお客様と思っていることを伝えるためです。

筆者はレジでクレジット払いをしたときに、「小林様、いつもお買い上げありがとうございます」と言われると、その店の上得意になったようで、ちょっと優越感を感じます。接客をしてくれた、私は名前を知らない応対者から自分の名前を呼ばれると、急に親近感がわき、相手に優しい気持ちを持つようになります。

しかし名前で呼びかけられて困ることもあります。夜や土日を中心に買物に行くO

しと異なり、私は近所のショッピングセンターへ曜日、時間に関係なく出かけます。平日の昼頃、顔なじみの店員が私を見つけると「あら～小林さん、こんな時間にどうしたの？　休み？」と声をかけてきます。エスカレータ脇で私の仕事の事情を話すつもりもなく、あたふたします。せめて「小林さん、こんにちは」でやめてほしいなぁと気弱に願い、平日の昼間はドキドキしながら店に行っています。

3-06 ピンチに助けられ心がジーン

事例1　花島由紀子さん（仮名　43歳）と小児科医の話

小学2年生の子供が38度の熱を出したと、午後1時すぎに学童保育の先生から私の職場に電話がありました。子供を小児科へ連れて行こうと思いましたが、あいにくかかりつけが休診でした。同僚に別の病院を教えてもらいましたが、もしや昼休み中かもしれないと思い、確認の電話をしました。すると案内テープが回っていて、12時から15時までは受付時間外であるが、緊急時には別の番号に電話をするようにと伝えていました。そちらに電話をして事情を話し、時間外診察を頼むと **「すぐにいらしてください」** と言ってくれて、ほっとしました。

病院へ行くと先生はすでに待っていて、早速、診察してくれました。以来、私はこの先生をとても信頼しています。もちろんかかりつけはこの病院に変えました。

事例2　宮本直美さん（仮名　34歳）とブランドショップ店員の話

ターミナル駅の駅ビルに入っているブランド婦人服店の前を通ったときに、気になる服がありました。いつもは大型スーパーに入っているカジュアルショップで服を買っていますが、息子の七五三を控えていたので興味をそそられ店に入りました。久々におしゃれな服を見て、うれしい気持ちの一方で、5歳の息子が大問題でした。売場を走り回るわ、試着室のドアを片っ端から開けてみるわで、おしゃれな店での場違いなうるささに私はどうしようかと困っていました。

するとお店の女性が、

「お子さんがいるとお買物も大変ですね」

と声をかけてくれました。

彼女が子供にいろいろと話しかけてくれたおかげで、すっかりおとなしくなり、その間に私は試着をすることができました。そしてスーツを1着買いました。久しぶりのブランド店の買物は新鮮でした。帰りぎわにかけてもらった「またお越しくださいませ」の一言は、今まで聞いた中で一番うれしいものでした。また買物にこようと思いました。

二人の気持ちの流れをたどりましょう。

二人の気持ち

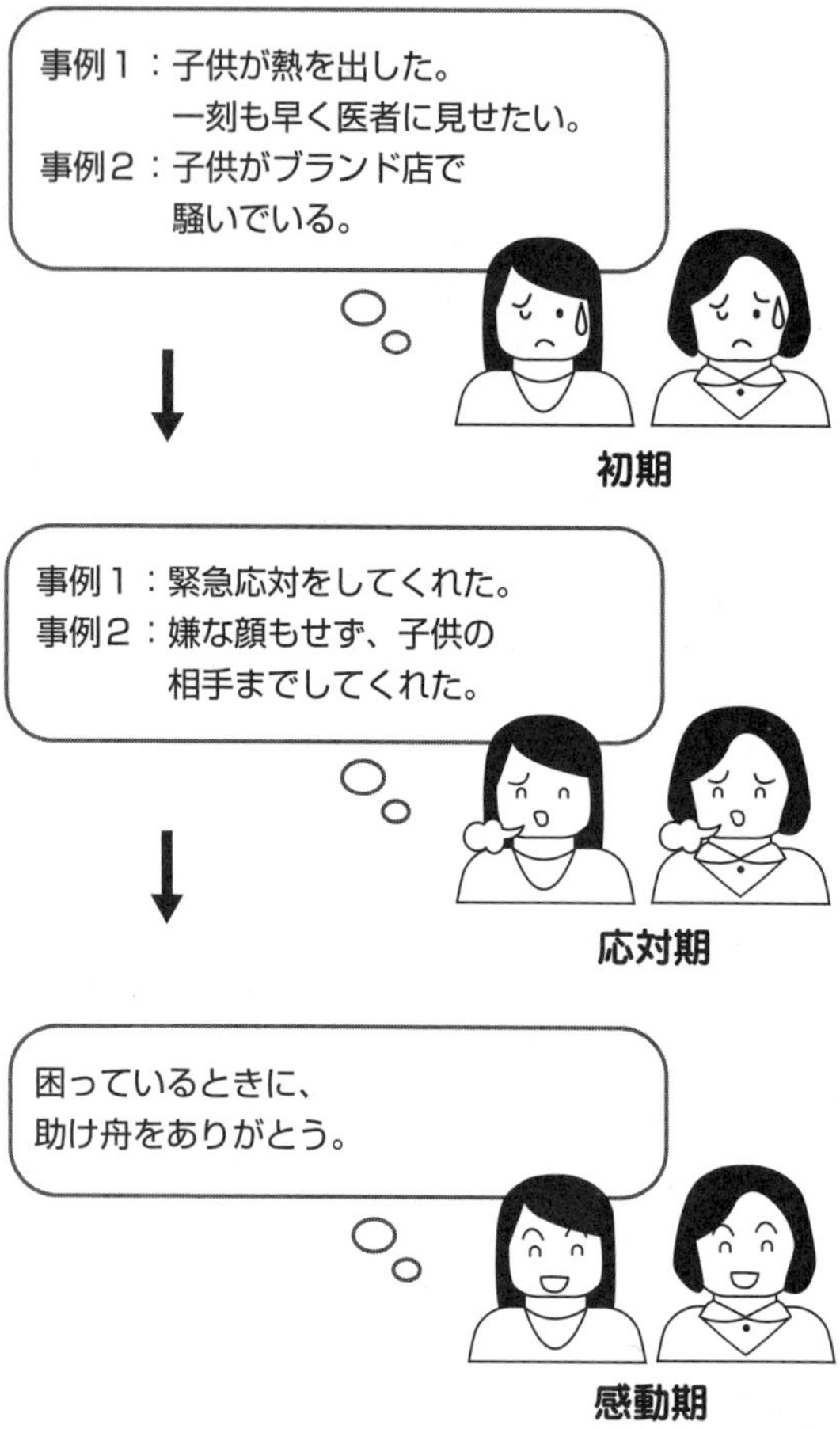
事例１：子供が熱を出した。
一刻も早く医者に見せたい。
事例２：子供がブランド店で
騒いでいる。
初期
事例１：緊急応対をしてくれた。
事例２：嫌な顔もせず、子供の
相手までしてくれた。
応対期
困っているときに、
助け舟をありがとう。
感動期

応対者のどこがよかったのでしょうか。

感動のもと＝不安や困りごとを取り除いてくれた

これもお客様が困っている状態から話が始まっていますが、2章「お客様はこれでキレた」で紹介した事例と異なり、お客様が応対者に感謝し、固定客化しました。この違いは何でしょうか。それは1章⑮でお話しした「サービス」応対と「ホスピタリティ」応対の違いです。

「サービス」応対は決められたことを決められたとおりに行います。昼休み中に仕事をする、ブランド婦人服店で子供の相手をするなどのイレギュラーな対応は、決められていないのでやりません。どうしても対応せざるをえないときは、その方法がマニュアルにないために、「ありえない！　ムリ」とパニックに陥ります。その結果、騒いでいる子供にイライラしたり、お母さんを〝口撃〟したりして、クレームを生みだします。

一方「ホスピタリティ」応対は、お客様に喜ばれることが応対者の喜びですから、お客様に喜んでもらうために、自分は何ができるかを考えます。ここでは「高熱の子供を早く楽にしてあげたい」「子供を気にせず買物を楽しんでもらいたい」と、お客様と同じ高さの目線で、気持ちを共有しています。このホスピタリティの気持ちが、お客様のネガティブエネルギーを喜びのパワーに変換させせました。

またホスピタリティには、犠牲的精神がありません。「私は、昼休みに銀行へ行く予定だったのに、おかげで行けなくなっちゃった」「他のお客様が嫌がるから、私がうるさい子供の面倒をみるハメになった」と思うなら、対応しないほうがましです。このような犠牲的精神では態度が恩着せがましくなります。行動のあとには私への感謝が足りないと、不満が溜まります。

クレームを生むも、固定客をつくるも、自分が気持ちよく働くも、不満だらけの仕事にするも……気持ちの持ち方と応対の言葉次第です。

4章

心のテクニック

4 01

応対能力と感情知能指数EQ

1章で、自己チュー増加により、コミュニケーション能力不足・共感性低下・感情コントロール不能が問題になっていることと、現代という時代環境での応対には、従来の「サービス」の概念ではなく、「ホスピタリティ」のマインドを持つことが大切とお話ししました。

2章、3章は、応対次第で、お客様にクレームを生み出すこともあれば、喜ばれることもあると、具体例を紹介しました。

4章では、感情知能指数（EQ）を基に、応対知能指数の面から、クレームを生んだ応対について考えます。さらにみなさん自身の心の状態も探ります。クレームを生まない応対者になる第一歩は、自分の心の強み、弱みを客観的に知ることです。

みなさんの中でIQ（Intelligence Quotient　知能指数）テストを受けたことがある方は多いと思います。筆者は小学校入学前に受けました。積み上げた積み木の絵を見て、見えない部分を含めて積み木の数はいくつあるかと聞かれた記憶があります。

世間では〝IQが高い人〟は〝頭がいい人〟と見られます。しかしIQが高い人がビジネスの場で優秀であるとは限りません。学生時代はIQが高かった人が、社会人になってからはパッとしない、組織への適応がへたで浮き上がっているなどをよく見聞きします。一方で、学生時代の成績はさほどではなかったが、バイタリティや人間的な魅力で他人をひきつけ、ビジネスで成功を収めている人もいます。

1990年代のはじめ、アメリカの企業は、市況の悪化や国際競争力の低下で経営の危機にあり、これを打破するために、学歴以外の〝優秀である要素〟に関心が集まっていました。そこに心理学者のサロベイ教授とメイヤー教授が、ビジネスで成功した人たちは感情知能指数（Emotional Intelligence Quotient = EQ）がきわめて優れているという理論を発表し、注目を集めました。そして1995年にダニエル・ゴールマンの『EQ—こころの知能指数』が出版され、ベストセラーになりました。

ゴールマンは、次のように言っています。

●人間の能力の差は、自制、熱意、忍耐、意欲などの心の知能指数（EQ）による
●EQが高い人は、自分の気持ちを自覚し制御できる人
●EQが高い人は、他人の気持ちを推察し対応できる人
●EQが高い人は、自分の能力を発揮する心の使い方がわかっているので、人生に

おける満足度や効率が高い。EQが低い人は、内面が混乱しているため能力を発揮できない

●EQは教育が可能で、これを高めることで、IQをより豊かに発揮できる

EQをもとに応対における知能指数を考えると、次の3つの能力が要素になります。

①情動知覚と調整の能力

自分の感情を知り、適正な状態にコントロールする能力。

自分が何をどう感じているかを客観的に知ることができると、その原因を考え、対処することができるようになり、キレるといった衝動的な行動を鎮めることができます。また怒りや不安、恐れなどのネガティブな感情を調整し、自信、やる気といったポジティブな精神状態を自らつくり、維持していくことができます。

②他者の感情認知能力

相手の考えや気持ちを理解し、共感する能力。

相手の感情の状態を理解し、それが相手の言葉や行動に及ぼしている影響を知る能

力。さらに相手の感情の状態を我がことのように感じる能力。

相手の気持ちに自分の気持ちを重ねて感じることができると、相手の不安や怒りを和らげるのにふさわしい発言や行動をします。相手の心は一定ではなく、会話で言葉のキャッチボールをしている間にも変化します。この能力が高いとそれを見逃さず、変化に合わせた応対ができます。

③対人関係能力

自分の考えや気持ちを適切かつ効果的に相手へ伝え、働きかける能力。

自分が思っていること、感じていることを的確に、適切な表現で相手に伝えると、相手を動かすことができます。表現方法は言葉だけでなく、表情や態度、話し方も含みます。

自分の感情を知ってコントロールし、さらに相手を理解して共感できても、それを伝えられなければ元も子もありません。この能力が高いとトラブルが生じたときに、冷静に解決策を打つことができます。

①~③の能力は心がけ次第で、日々の応対の中で高めていくことができます。

4-02 お客様をキレさせた応対知能指数レベル

2章「お客様はこれでキレた」に登場した応対者を、4章01でお話しした応対知能指数3要素別に3段階で評価したのが、左の評価表です。評価は個人によって差があると思います。しかし○がたくさんついた人はいないでしょう。

これらの事例に共通しているのは、相手の考えや気持ちを理解する「他者の感情認知能力」が低いことです。ここに登場するお客様たちのように、心に負い目や不安がある状態で応対者に出会い、弱った気持ちを理解してもらえないときにクレームは生まれます。さらに応対者が自分の意志を適切に相手へ伝える「対人関係能力」が低く、応対態度が悪いとお客様の負の心が一気に膨らみます。

人はトラブルが発生すると、困った気持ちから不機嫌になります。応対者がそうなると、黙りこんだり、お客様に向かってキバをむいたりします。

「情動知覚と調整の能力」が低い人は、自分の不機嫌さをお客様が察していたわらないと、心のコントロールができなくなり、キレたりヒステリーを起こしたりします。

応対の最初に、自分や相手の感情を感じとるのに失敗すると、クレーム発生へと向かっていきます。

応対知能指数評価

（評価基準：○＝高い　※＝普通　×＝低い）

登場章	担当者	評価ポイント	情動知覚と調整の能力	他者の感情認知能力	対人関係能力
2-01	インターネットプロバイダーサポートセンター山田	・専門用語だらけ ・「他にわかる人いませんか」発言	×	×	×
2-02	イタリアンレストラン女性スタッフ	・若いスタッフを客前で怒った ・「間違えて運んじゃったみたいでゴメンなさいねぇ」発言	×	×	×
2-03	焼肉店員、市役所職員	・無視	※	×	×
2-04	クリーニング店員	・「引換券がないと服を見つけられない」発言 ・「ダメだって言ってるじゃないですか!!!」発言	×	×	×
2-05	ゴルフ用品売場店員	・買わないとわかったら、ショーウィンドーに八つ当たり	×	×	×
2-06	生保レディ	・「あんた頭悪い」発言 ・「大人ならわかるでしょ」発言	×	×	×
2-07	ファーストフードスタッフ	・つり銭投げ	×	×	×
2-08	アウトレットショップ販売員	・値引きはダメの一点張り ・「じゃぁいいですよ」発言	×	×	×
2-09	美容院スタッフ	・タメ口でプライベートを聞く ・失敗を謝らない	※	×	×
2-10	産婦人科医	・「これ、まだ子供じゃないよ」発言 ・「子宮なんていらないでしょ」発言	※	×	×
2-11	救急医	・「こんなに泣いてたら治療ができない」発言	×	×	×
2-12	カーディーラー営業マン	・ミスを指摘されてシマッタ顔で送り出し	※	×	×

4 03 お客様を感動させた応対知能指数レベル

次に3章「感動の接客実話」に登場した応対者の応対知能指数3要素の評価です。これも評価は個人によって違うと思いますが、どの項目にも×はなかったでしょう。

彼らは「他者の感情認知能力」が高いです。さらに「対人関係能力」も高く、上手にお客様へ働きかけをしている人が多いです。一方、「情動知覚と調整の能力」が低い人はいません。

お客様をキレさせた応対者と異なり、彼らは4段階の感情ステップを踏んでいます。

1段階　困っていたり、悩んでいたりしているお客様の感情を読みとる

2段階　自分の感情を動かして、お客様と共感の気持ちをつくる

3段階　お客様の感情の芯をとらえる

4段階　お客様の役に立とうと、自分の感情を調整し、行動する

この流れをたどっている応対者たちは、融通が利かない、マニュアルどおりの応対、などと言われません。相手の気持ちに共感しているため、その変化を敏感に感じとる

ことができて、それぞれに合わせた応対が無理なくできます。この心の動きによって表れるのが、ホスピタリティ・マインドで、お客様から高い評価を得ます。

応対知能指数評価

(評価基準:○=高い　※=普通　×=低い)

登場章	担当者	評価ポイント	情動知覚と調整の能力	他者の感情認知能力	対人関係能力
3-01	病院事務員	・「間に合ってよかったですね」発言	※	○	○
3-01	税務署員	・丁寧ににこやかに回答 ・「がんばってください」発言	○	○	○
3-02	レンタルビデオ店員	・「3部作の2作目ですがよろしいですか」と丁寧に発言	※	○	○
3-02	和菓子店レジ係	・「あちらの方を先にしていいですか」発言	※	○	※
3-02	駅員	・「一緒に探しますよ」発言	※	○	※
3-03	おもちゃメーカーお客様サービスセンター担当	・子供を疑わなかった ・素直に謝った	※	※	○
3-03	時計店主	・買わないのに嫌な顔をしなかった ・知識不足を素直に謝った	○	※	○
3-03	役所窓口担当	・「お待たせしてすみません」発言	※	※	○
3-04	客室乗務員	・「毛布をお持ちしましょうか」発言	※	○	※
3-04	カフェ従業員	・「トレイを運びましょうか」発言	※	○	※
3-05	ホテルマン	・予約受け付け時に名前を呼ぶ	※	※	○
3-05	取引先受付係	・「清水様、お預かりいたしております」発言	※	※	○
3-06	小児科医	・時間外診療	※	○	※
3-06	ブランドショップ店員	・「お子さんがいるとお買物も大変ですね」発言 ・子供に話しかけ、相手をしてくれた	※	○	○

4 04 気持ちを自覚してコントロールできますか（情動知覚と調整の能力）

さてここからは応対知能指数3要素それぞれについて、みなさま自身の様子を簡単にみてみましょう。まずは、「情動知覚と調整の能力」です。次の項目について、自分に当てはまるものはYES、当てはまらないものはNOにチェックをしてください。

1 何をやっても三日坊主 YES□ NO□
2 周りの人のせいで損をすることが多い YES□ NO□
3 他人に嫉妬を感じやすい YES□ NO□
4 不満がいっぱいある YES□ NO□
5 やりたいことや夢は特にない YES□ NO□
6 皮肉を言うことが多い YES□ NO□
7 キレやすいほうだと思う YES□ NO□
8 気難しい人間だと思う YES□ NO□

YESの数が、
0個 望ましい状態。自分の気持ちを知り、コントロールしています
1〜4個 要注意。日頃の応対が問題を起こしているか、いずれ起こします
5〜8個 危険。「情動知覚と調整の能力」アップにすぐに取り組みましょう

あこがれの先輩に「おはよう」と言われてうれしい、上司に怒られてムカついた、だけでは自分の心が喜びや怒りに支配されていることを知っただけです。湧き出た感情をコントロールし、その場にふさわしい行動をとるところまで、応対者には求められます。

たとえば2章⑰の「つり銭投げファーストフード店スタッフ」の事例で考えると、彼女の心の声は次のように推測されます。

「この店は駅前だから、お客様が切れることがなくて、私は息つく間もなく応対に追われているわ。友だちのA子ちゃんの店はヒマだっていうのに、私はこんなところに配属されたおかげでこれよ。まったくぅ！　おまけにこの客なに？　忙しいのにオマケ替えろとか勝手なことを言いだして！　ムカツク！　あっちへ行け（つり銭を投げる）」

彼女は仕事を処理することに精一杯で、それを邪魔するお客様に腹を立てたところで、感情の動きを終えています。つり銭を投げている姿はどうなのかと、客観的に自らの状態を見ていません。このように自分の感情が周りに与える影響に無頓着な人は、孤立したり、嫌われたりします。みなさまの周りにも思いあたる人がいませんか。

彼女は「私が悪い状態にいるのは会社やワガママなお客様などの他人のせいで、私は悪くない」と考えています。これでは原因が他人にあり、自らにはないため、問題を解決できません。自分が怒りを感じる原点を客観的に押さえると、問題が自らのものになり、解決にむけて心の力点が移動して、悪感情にのみこまれなくなります。

彼女のような人は、たとえば忙しさで気が立っているときは、次のように考えましょう。

①もっと効率よく動くにはどうしたらいいかな

②今日は○さんが休みだから忙しいんだ。いつもの2倍仕事ができるかチャレンジしてみよう

③私がイライラするのはどんなときだろう。どうしたら予防できるかな

こうすると気持ちが前に向くので明るくなり、自分がやりたいことが見つかり、仕事に楽しみを感じることができます。不満や嫉妬、皮肉が減ります。みなさまの周りにこのタイプの人がいたら、「アナタにできることは何?」と本人に問いかけ、「私にできることは、〇〇」という発言を引き出しましょう。

自分の気持ちを客観的に見られない人は、まずは自分の大サポーターになりましょう。他人にほめてもらうのを期待せず、自分で自分をほめるクセを持ちます。ほめると自信がつき、物事を肯定的にとらえ、感情が豊かになり、ネガティブな気持ちが減ります。すると自らの感情を客観的にみるゆとりができます。

自分をほめるポイントは2つです。

①ほめる理由は具体的に、言葉の種類を多く使う

「きょうはいい感じにできた」「ふつうにいい応対だった」では、抽象的で、何に自信を持ったらよいかわかりません。何がどう〝いい応対だった〟のか、〝ふつう〟とは何か、何を〝いい応対〟と思ったかと、〝何?〟を繰り返して具体化します。具体的な言葉は強固な自信につながります。

②嫌な出来事の中から、ほめるポイントを見つける

嫌なことも、見る角度を変えればほめる点があります。たとえば、

●ゴルフクラブが売れなかったけど、お客様が満足する説明ができた私は優秀
●ご来店者ボードへ名前の貼り出し忘れを指摘されたとき、キレずに自分を抑える
ことができて、私は成長したな

ほめるタイミングは、仕事の帰り道、寝る前など一日のシメの時がよいです。翌日の目覚めがグッとよくなります。これを積み重ねると、多少のことでは揺るがない人間に成長します。

ただし自分を好きになるときに、ぜひ注意したいことがあります。いきすぎるとワガママな嫌われものになります。適度なところで抑えましょう。

4-05 相手の気持ちをわかって共感できますか（他者の感情認知能力）

次の項目について、自分に当てはまるものはＹＥＳ、当てはまらないものはＮＯにチェックをしてください。

1 話しているときにうなずいてくれる人がいない　YES□　NO□
2 他人から相談されたことがない　YES□　NO□
3 相手の気持ちがいつ変わったのかわからない　YES□　NO□
4 気が利かないと言われる　YES□　NO□
5 場の空気が読めない　YES□　NO□
6 会話中は自分が話すことだけ考えている　YES□　NO□
7 話をするとき、相手の表情や動作は見ない　YES□　NO□
8 映画やドラマに感動することが少ない　YES□　NO□

ＹＥＳの数が、
０個　望ましい状態。相手を理解して関係を持っています
１～４個　要注意。お客様のことはお構いなしで、自己中心的な応対をしていませんか
５～８個　危険。「他者の感情認知能力」アップにすぐに取り組みましょう

この能力が低いタイプは、たとえば売上が低い月の販売会議で、部長がずっと腕組みをして押し黙ったまま皆の報告を聞き、他のメンバーはうつむいていて重苦しい空気の中、部長が一番怒りそうなことをネタに冗談を飛ばして、すべってしまうような人です。部長や出席メンバーの表情、しぐさ、声の調子から、今がどんな場面で、皆が何を感じているかを察することができないために、「空気が読めない人間」と言われます。人の中にいて自分が浮いている、会話の中でだれも同調してくれないと思う人は「他者の感情認知能力」を高める努力をしましょう。

同調者がいないのは、相手に共感していないからです。相手の気持ちを我が身に置き換えて想像し、それをもとに発言をすると、相手は「そうそう、そのとおり」と同調します。相手の気持ちの想像ができない人は、ミラーリングから始めましょう。相

手の行動をマネすると、心も似た状態をつくれます。本来は信頼関係を築くときに行う手法で、鏡に映ったように相手のしぐさをマネします。相手が眉間にシワを寄せれば、自分も寄せる。大きく息を飲めば、自分も飲む。同じ動作をして自分の気持ちを動かします。ためしに眉間にシワを寄せてみてください。気分はいかがですか。幸せですか？ どちらかというと嫌な気分になったと思います。

ミラーリングは第三者には気づかれますが、対面している相手は気づきにくいものです。とはいえ度を過ぎると怒らせます。その空気が読めないとこれまた失敗するので要注意です。

また相手の様子をよく観察していると、気持ちをつかむことができます。カラの湯のみ茶碗を上げたり下ろしたりしている人がいたら、もっとお茶を飲みたいから、カラとわかっていても、つい茶碗を持ってしまうのだなと想像できます。そこでお茶のお代わりを用意すると、なんと気が利く人だとほめられます。

他者の感情認知能力を高めるには、自己中心的な考えを捨て、他人に興味を持ちましょう。3章④でお話しした観察推理ゲームはおすすめです。好奇心が旺盛になると、相手の様子を見て想像を膨らませることができるので、共感のとっかかりをつかめるようになります。

2章04のクリーニング店員の例で、他者の感情認知能力を考えてみましょう。彼の心の声を推測すると、

「引換券がないのに引き取りをしたいなんて甘いね。それはできない決まり！　つべこべ言ってもムダだっていうのに。もう～！　いい加減あきらめろよ、おばさん！」

彼は、「明日どうしても着たい服である」というお客様の切実な声を聞いていません。財布から必死に引換券を探している姿、何と言われようと彼に食い下がる態度から、このお客様が相当に困っていることを読み取らなければなりません。それにはお客様の話を聞くことです。これには2つの効果があります。

1つは、言葉、話し方、しぐさ、声の調子などから相手の気持ちや考えを想像したり、理解したりするための手がかりがつかめます。

2つ目は、話を聞くと、自分は応対者に受け入れられたという安心感を相手に与え、心の通い合いを実感させることができます。洋服がないと困るというお客様の気持ちを十分に聞き、困っていることに対して共感を示すと、お客様は気持ちだけでも理解してもらえたことで、かたくなな心が柔らかくなります。その後にお互いが納得できる解決策を探ります。

お客様の様子から心の叫びを察して応対をしたのが、3章04で「毛布を持ってきま

しょうか」と言った客室乗務員です。冷房が効いた機内にノースリーブでいて、熱いスープを欲しがっていることから、寒いのでは？　と想像し、毛布が必要ですかと、お客様から言われる前に提案をしました。まさに「気が利いている」応対です。相手の気持ちを読むことができれば、このように素晴らしい応対者になります。

4 06 自分の気持ちを相手に伝えられますか（対人関係能力）

次の項目について、自分に当てはまるものはＹＥＳ、当てはまらないものはＮＯにチェックをしてください。

1	つい八方美人になってしまう	YES□	NO□
2	私が不機嫌なとき、だれも気づいてくれない	YES□	NO□
3	他人が私をどう思っているか、いつも気になる	YES□	NO□
4	あまり謝らないようにしている	YES□	NO□
5	思っていることの半分も相手に伝わらない	YES□	NO□
6	言うことがキツイと指摘される	YES□	NO□
7	仕事の依頼や指示がうまくできない	YES□	NO□
8	仕事で自分の力を十分に発揮できない	YES□	NO□

YESの数が、

0個 望ましい状態。自分の考えや気持ちを適切に相手に伝え、働きかけています

1〜4個 要注意。自分の思いが相手にうまく伝わっていないでしょう

5〜8個 危険。「対人関係能力」アップにすぐに取り組みましょう

自分の気持ちを理解してコントロールすることができ、相手のことも理解して共感することができても、それを上手に伝えることができなければ、元も子もありません。対人関係能力が低い人の多くは自覚を持っているものの、思うようにできないようです。彼らはうまく伝わらないと、気難しそうに黙りこんだり、相手を威圧したり、非難したりしがちです。自分から負の感情を出すと、相手にも同じ感情が移り、悪循環が始まります。

2章⑥の「頭悪い」と吐き捨てた生保レディの例で、彼女の心の声を推測すると、「なんでさっきから訳がわからないヘンな質問ばかりするのよ！　頭悪い客ってホント嫌だわ。さっきからあなたのせいで私の機嫌は悪くなっているのよ。いい加減に質問を止めて！　鈍感ねぇ。私が説明したことだけわかればいいんだから、保険に入る

気があるなら、つべこべ言わずにさっさと入りなさいよ」

このタイプの人は素直に感情表現ができず、自らの不機嫌さを他人が察することで、意志を伝えようとします。相手が気にかけてくれているか否かに関心があり、己の不機嫌さが相手に及ぼす影響には興味がありません。自分を理解しない相手を、「頭が悪い」「そんなこともできないのか」などと責めます。自分は不機嫌でかわいそうなので、相手へは面倒くさそうな応対をします。相手が自分の感情を察してくれないと怒りだします。応対では、相手との感情がもつれると、優秀な能力を持っていても、それを発揮する場面をつくることができません。

これは不幸なのでやめましょう。自分の意志を相手に正しく伝えるのは感情ではなく言葉です。日頃から言葉の種類を豊富に持って、具体的に感情を表現するようにしましょう。そして素直になります。最近、みなさまは謝ったことがありますか。謝るという行為には素直さが必要です。素直になるには自信を持つことです。4章04でも自信についてはお話ししました。

自信がある人は「私だったらどうにかできる！」と、慌てません。仕事をしていればピンチは必ずあります。いま直面しているよりもっとひどい困難をかつて乗り越えたこともあるはずです。不機嫌になる前に過去を振り返って、「このぐらいならカルイ！」と思えば、落ち着いて素直に相手と向き合うことができます。

3章03の時計店主は、自分の知識のなさを素直に詫びています。「勉強して知識をつければお客様に迷惑をかけないようにできる！」という自信があるから、謝ることができたのでしょう。

3章03の役所の職員がお昼まで仕事が食い込んだのは、彼の能力が低いために時間がかかったのか、来所者が多かったためかは不明ですが、彼はそれを自分の問題としてとらえ、他人のせいにはしていません。時間がかかったことに対する他人の評価も気にしていません。きっと彼は自信を持って精一杯力を出して仕事をしたのでしょう。ですから素直に「お待たせして申し訳ない」と詫びることができました。彼はたくさん仕事をした自分をほめ、次からはもっと早く仕事をするためにはどうしたらよいかと考えたと、筆者は想像します。自信を持てば、他人が自分を気にかけてくれてるかなどには関心がなくなります。

最近、対人関係能力が低い人を多く見かけます。みなさまの周りで目にあまる人がいたら、まずはほめて自信を持たせましょう。ただしこれには根気が必要です。本人は自分を知らないので、ほめられたことを素直には認めず、否定したり、軽く流したりします。同じことをこまめに根気よく具体的にほめ続けると、そんなものかぁと思うようになります。ほめる点は些細でも、だれもが良いと思うものを探しましょう。だれにも一つくらいはあります。

4-07 協調性より共感性

N子さんはお客様にクレームを言われると、いつも黙りこんでしまいます。そのために彼女の態度に対するクレームが元のクレームに加算されて、上司に回ってくることがよくあります。上司がN子さんに黙りこむ理由を聞くと、次のように答えました。

「私は協調性が高いから、クレームの内容を聞いているとお客様の気持ちがよくわかって、気の毒で言葉が出なくなるんです」

彼女の性格は、人情もろく、おとなしい。後輩の世話をよくする。しかし仕事ではケアレスミスが多く、些細なことで傷つきやすい。消極的。

筆者は経験上、消極的で協調性があるタイプは、応対者に不向きだと思います。お客様の申し出に流されて、解決の糸口を探り出す力が弱いからです。応対者に向いているのは、論理的に考え、積極的で覇気がある、楽天的で細かいことを気にしない、そんなタイプの人です。

お客様の話を聞いて、N子さんの発言のように思う人は、視点を少し変えましょう。

協調性よりも共感性を伸ばします。協調性が高い人は相手の気持ちを察することができるので、さらに相手と同じ高さで、相手とともに理解する、共感の心を持ちましょう。

N子さんは発言の中で、「(お客様が)気の毒で」と言っています。これは彼女の共感性が低いことを示しています。「私はお客様と違って困っていない」と、安全地帯に我が身があることを自覚しているので、「気の毒」という上から下を見る同情の言葉が出ました。同情の応対では、お客様は見下された気分になり、不満を持ちます。

これまでに何回も共感についてお話ししました。ここで共感を示すポイントをまとめます。

①相手をありのままに受け止め、自分の評価や判断を加えない

②相手と同じ高さに立つ

③一体化せず、一定の距離を持つ

一定の距離を持つのは、近すぎると2つの感情が直《じか》にぶつかり、壊れやすいからです。心理学でヤマアラシジレンマというたとえ話があります。

「寒い冬の中、2匹のヤマアラシがいました。2匹は寒いので、お互いに暖め合おうと近づいたところ、相手の針が体に刺さってしまいました。痛いので今度は離れるとやはりまた寒くなります。2匹はまた近づき、痛いのでまた離れることを繰り返していくうちに、それほど寒くもなく、痛くもない距離がわかり、あとはその距離を保ち続けました」

応対者に期待すること

1位	人の話を聞く態度 ………4.5ポイント（男4.3、女4.6）
2位	責任ある態度 ………4.4ポイント（男4.4、女4.4）
3位	仕事に関する知識の豊かさ ………4.3ポイント（男4.3、女4.4）

[得点基準：5.非常に期待する　4.期待する　3.どちらともいえない　2.期待しない　1.まったく期待しない]

お客様とほどよい距離感を持つには、前にもお話しした「客観的に自分を見る」ことが必要です。一歩離れて自分を見ていると、相手のペースに巻き込まれることを防げます。

「相手をありのままに受け止める」には、先入観念を持たず、相手の話をよく聞くことが大切です。お客様も話を聞いてもらうことを望んでいます。筆者が首都圏在住の20代～70代の50人（男性20名、女性30名）に「応対者に期待すること」を調査したところ、上のような結果が出ました。

お客様が最も期待していることは「人の

話を聞く態度」でした。特に女性はこの期待が大きいです。N子さんのように、会話の途中で黙ってしまっては、相手は私の話を聞いているのか？　と不信感を持ちます。「話を聞く」ことは、相手の音声を認識するだけではありません。言葉の意味のほかに声の様子を聴覚でとらえ、しぐさや表情などの態度を視覚でとらえ、聞いているというサインを自らの声と態度で相手に示すという、難しい技です。

詳しいテクニックは次の章でお話しします。

男性が一番期待しているのが、「責任ある態度」でした。お客様の申し出に対して、評価したり、同情したりだけでは、責任ある態度とはいえません。相手を受け止め、それに積極的にかかわっていくことができてこそ、すばらしい応対者といえます。

5章

言葉のテクニック

5-01 ネガティブエネルギーを受け止める

これまでお話ししたように、イレギュラーな申し出をするお客様の多くは、「困った」「ちょっと後ろめたい」などのネガティブなエネルギーを溜めた状態にいます。

これが応対者の不用意な言葉にふれると、クレームが生まれます。お客様にネガティブパワーを感じたら、上の〝ガス抜き応対〟を行うとクレームを生んだり、大きくしたりを防ぐことができます。5章はこの〝ガス抜き応対〟の流れに沿って、お話しします。

ガス抜き応対

1．相手を受け止める

↓

2．話を聞く

↓

3．内容を自分の言葉で確認する

↓

4．謝罪は対象を明確にして行う

まず**「ガス抜き応対の1☆相手を受け止める」**についてお話しします。

ネガティブエネルギーが強い人は、次の

ようなサインを出しています。

【話し方】大声で怒鳴る。早口。間をあけずに一気に話す。呼吸が荒い。
【表 情】眉間にシワが寄っている。目が血走っている。視線が強い。
目尻が釣りあがっている。口がへの字。
【態 度】落ち着きがない。前かがみ。体全体を硬くしている。

毎日応対をしていると手元の仕事に注意がいき、あまりお客様の顔を見ません。そのためにこれらのサインを見落としやすいものです。お客様と向かい合ったら、まずはその人物が発する感情のサインをキャッチしましょう。

ネガティブエネルギーが強い人が勢いよく怒るとは限りません。こんな例がありました。お客様がクレームを淡々と申し出ていました。しばらくして応対者に「人の苦情を聞く仕事は大変ですね」と言ったので、応対者は心を許して「エヘヘヘ」と笑うと、突然お客様は「上司を出せ」と大声を張り上げました。上司が慌ててくると「クレームを言っている客にむかって、ヘラヘラ笑うとは無礼だ。君は上司としてどんな教育をしている！」と、ご立腹でした。

お客様ははじめからこの応対者の対応能力が低いのが不満で、上司と直接話したい、ついでにこの応対者のことも指摘したいと、決定的なミスを誘うように優しい言葉をかけました。お客様が物言いの静かさとは裏腹に、表情が険しかったことを見逃した応対者は、思うツボにはまりました。

最近多い「主張や要求をはっきりする」「専門的知識を基に申し出る」タイプの人の中には、応対者が偉い人に代わると自尊心が満たされる人がいます。最初の応対者から対応の不手際を引き出し、もともとの申し出に、応対の悪さを加えて問題を大きくして上司を土俵に引きずりだそうとします。問題を大きくしないために、相手に関心を持って、よく観察しましょう。

ネガティブエネルギーを持ってきた人を観察したあとは、正面から受け止めます。このエネルギーは相手と信頼関係ができると急速に衰えます。信頼関係の第一歩は応対者の姿勢が築きます。ポイントは次の2つです。

①はっきりした声、笑みで、相手が話しやすい第一印象を与える

②相手が話し始めたら、真剣な表情で相手の口元あたりをしっかり見て聞く

相手を受け止める態度にふさわしくないのが、「はぐらかし派」と「武道派」です。いずれもかえって問題を大きくするので禁止です。

はぐらかし派

特徴………相手が噴き出すエネルギーから身をかわして、我が身だけを守る。相手を「ヘンなヤツ」と決めつける。相手をバカにした態度をとる。皮肉る。

代表選手…ミスを指摘されて黙りこんだカーディーラー　2章⑫
間違えちゃったみたいで〜と、自分は悪くないオーラを出すイタリアンレストランの中年の女性スタッフ　2章⑳
焦っている人を傍観者として冷ややかに見たクリーニング店員　2章⑭

武道派

特徴………相手より強いエネルギーでぶつかっていく。怒っているお客様より強い剣幕で言い負かす。お客様のミスを追及する。

代表選手…「あんた頭悪い」と吐き捨てた生保レディ　2章⑯
「泣いてたら治療ができない」と言った救急病院医師　2章⑪
つり銭を投げたファーストフード店スタッフ　2章⑰

5 02

相づちで信頼関係を築く

相手のネガティブエネルギーを受け止めたら、**「ガス抜き応対の2☆話を聞く」**に進みます。ここでは相づちを使ってより多くの情報を引き出します。

相づちは、話している人に聞き手の「聞いている」姿勢を伝えるものです。相づちがあると相手は、〝受け入れられた〟と安心して話すことができます。その結果、ネガティブ度が低下していきます。また自分の話を応対者が真剣に聞いてると感じると、発言に注意を払うようになり、やたらに罵詈雑言を発しなくなります。

一気に話している人への相づちは、やや低めの声で「はい」「ええ」など短いものを相手と同じエネルギーの強さで、語尾を下げ、はっきり発音します。低い声は真摯に受け止めている姿勢を伝えます。

おすすめ相づち

はい　いいえ

そうですか

そうですね

さようでございますか

ありがとうございます

発声のエネルギーが弱いと「この人に話をしても大丈夫か」と不安になられたり、「こちらが強く出れば無理なことでも聞いてくれそう」と、押し込まれたりします。語尾は必ず下げます。「はい↗」のように上げると、聞き返しているようで「きちんと聞いているのか」「こちらの言い分が納得できないのか」と、これも話し手が不安や不満を持ちます。言葉を伸ばして「は〜〜い」「え〜〜〜」と言えば、真面目に聞いていないと思われます。

話し手が一息ついたときに、「そうですか」「そうですね」「さようでございますか」などの相づちを打ちます。こちらからの質問に答えてもらったときに「ありがとうございます」の一言を入れると、印象がグッとよくなります。

なお「そうですね」の使い方には注意が必要です。事実と認め同意したときだけに使います。これはあとで身に覚えがない責任を追及されないためです。

(例) おたくが約束の期限までにサンプルを発送してくれなかったから、クライアントへのプレゼンに間に合わなかったよ。

●NG相づち「そうですね」

●OK相づち「そうですか。間に合わなくては、お困りでしたね」

微妙な違いですが、大きな差です。

NG相づちは、当社の非をすべて認めたと、相手は受け取ります。

OK相づちは、「間に合わなくて、困った」ことだけを認めています。

当方が発送しなかったのか、発送したが輸送会社の都合で遅れたのか、先方の会社に届いてから本人の手に渡るまでに時間がかかったのか、不明の段階では、「そうですね」と先方の言い分の全面同意にとられる相づちはやめましょう。OK相づちのように話を受け止めるだけにします。このよ

禁止相づち

自信なし相づち：
えっと〜　その〜
あの〜　う〜ん
否定相づち：
でも　だって　だから
何度も言ってますが
ですから〜
いえ　いや〜
無責任相づち：
〜ハズでして……
〜と思いますが　多分

うにお話しすると〝ずるい〟と思うかもしれませんが、これも危機管理です。「お困りでしたね」と共感の言葉を添えれば、悪印象は与えません。

右の禁止相づちは、単なる申し出がヘビークレームへ発展する危険な言葉です。

自信なし相づちは、仕事内容をしっかり把握すればなくなります。お客様から多い申し出については、会社としてQ&Aをつくります。応対者はこれを基にシミュレーションを重ねれば、自信を持って会話ができるようになります。

無責任相づちも仕事に自覚と責任を持てば出なくなります。

否定相づちは相手がこちらの発言を聞き入れないときに出ます。これには2パターンあります。

①こちらの意図が通じないとき

↓【対応】再度、同じ内容を言葉をかえてゆっくりと話す。

②他の対応策がないのに、相手が受け入れないとき

↓【対応】希望に沿えないことをお詫びしたうえで、はっきり対応できないと伝える。

はじめにお話ししたように、応対者は奴隷ではありません。できること、できないことを相手にはっきり伝えましょう。

(例) ですから……(そんな対応はできないって、さっきから言ってるでしょ)

↓ご希望に沿えず、誠に申し訳ございませんが、私どもでは対応いたしかねます。

これに追加して、お客様の申し出を今後、会社の検討課題にすると伝えると、印象が少しよくなります。しかし言っただけで検討をしないと、いずれクレームになります。

5-03 質問で4W1Hをおさえる

お客様の話を聞いているだけでは、十分に状況をつかめません。応対者は質問をして、欲しい情報を引き出す必要があります。またお客様も話を聞いてもらいたい気持ちが強いので、医師の問診のような質問を投げかけられると、心が落ち着きます。質問で聞き出し、復唱で確認をする**「ガス抜き応対の3☆内容を自分の言葉で確認する」**です。

よく話す人は、あれを言おう、これも言おうと、意気込んでやってくるので、言い分をひととおり聞きます。応対者が途中で話の方向を変えても、言い足りないときは話を元に戻します。ヘタをすると、話の方向を変えたことに対して「話を聞いてくれない」と、怒りだします。口数が少ない人には、「詳しいお話をお聞かせいただけますか」で会話を掘り下げます。

ネガティブエネルギーが強い人は事実が感情に埋もれていることが多いので、会話の中から4W1Hを軸に客観的な事柄を拾いだし、ポイントをおさえ、メモをとります。

一般的には5W1Hといわれますが、ネガティブエネルギーを持っている人にWhy（なぜ）は聞きません。責めている印象を与えるからです。

5章⑫の相づちと5章⑭の復唱をここでフルに活用します。会話の中に、この5つにかかわる話が出たら、すかさず相づち＋復唱をします。すると話し手は、その部分について詳細に語り始めます。ネガティブエネルギーは語りとともに放出され、平常心に戻っていきます。

4W1H	
When	いつ、どんなときに
Where	どこで
Who	だれが
What	何が　何を
How	どのように

不足している情報は、「クローズ型」もしくは「オープン型」の質問を使って掘り下げます。特にWhatに関する部分は詳しく聞きださなければなりません。「何が起こったのか」「何が問題なのか」は重要なポイントです。

クローズ型は、答えが〝はい〟もしくは〝いいえ〟のどちらかになる質問の型です。

（例） セーターを1回洗濯したら、縮んでしまったということですね。

↓　はい。　（クローズ型）

主に確認をとるときに使います。

オープン型は、テーマを投げかけて、自由に答えてもらう質問の型です。詳しく状況を聞きたいときに使います。

（例） 洗濯方法はどのようになさいましたか。
↓ ネットに入れて洗濯機のドライマークコースで洗いました。
（オープン型）

会話が長くなったときは、最後にメモに基づいて4W1Hのキーワードを復唱し、再度、確認をします。そして〝はい〟もしくは〝いいえ〟の返事をもらい、お互いの理解にズレがないことを確認し合います。

（4W1Hをおさえる会話例）

お客様「おたくのバーゲンで買った生成りのTシャツが汚れていたので、着る前に洗おうと思って、けさ洗濯したら、色が変わったわよ！」

応対者（復唱、クローズ質問）

「私どもでお買い上げの生成りのTシャツを、お客様がご家庭の洗濯機で、けさ初めて洗濯をされたら、色落ちしたということですね」

【判明したこと】When　本日朝。初回洗濯時

Where　家庭

Who　お客様

What　生成りのTシャツが色落ちした

応対者（オープン質問）

「お客様がお使いになった洗剤の商品名は何でしょうか」

【判明したこと】How　蛍光剤入り洗剤○○を使って洗った

また4W1H情報をお客様の個人情報、対応経過とともにデータで保存していくと、後日クレーム分析をするときに役立ちます。

5-04 復唱で会話を舵取り

お客様との会話は「復唱」を使って、応対者が舵取りします。応対者が相づちを打ち、復唱すると、お客様は応対者が関心を持ってくれたとを感じて、その方向へ話を展開していきます。

そうなればこちらのもの。また復唱は、前項までに繰り返しお話しした「共感」を示す大切なテクニックです。

復唱の主な効果は4つあります。

●相手の話を聞いている姿勢を伝えられる
●共感を示せるので相手が心をひらき、友好的な関係を築ける
●自分の思う方向へ会話をコントロールできる
●お互いの意思を確認できるので、誤解を生まない

復唱の方法は3つです。

①オウム返し　相手の言葉をそのまま返す

「私が注文したスパゲッティがこないけど、まだですか」

↓「まだご注文のスパゲッティがきていませんか」

②言葉の置き換え　同じ意味の異なる表現を使う

「子供が一晩中、痛い、痛いって泣きどおしでした」

↓「痛みが一晩中ありましたか」

③まとめ　長い話の要点をまとめる

「トイレにコンタクトレンズを落としたので探そうとしましたが、外が暗いから、トイレも暗いし、電気をつけても暗くて、それに床がタイルだから、周りが暗いと見づらいし……」

↓「トイレが暗くて、見つけにくいのですね」

復唱は相手の言葉を使います。相手の言葉を繰り返すと、情報がそのまま自分の頭に入り、お互いの理解のズレを防げます。相手の言葉を自分のフィルターに通すと、思い込みが生まれて、共通認識を得にくくなります。ピントがズレやすい人は、オウム返しを活用して、自分が発した言葉をそのまま自分の中に浸透させましょう。

10年近く前になりますが、筆者が新しいストッキングを袋から出すと、穴があいていました。不良品だとメーカーへ苦情を言おうと思いましたが、ふと考えました。「袋から出すときに自分で穴をあけたのに、難癖をつけてきた」と思われたら嫌だな。しばらく迷いましたが、メーカーのお客様相談室へ電話をしました。応対をした女性は、私を疑わず、開封時から穴があいていたショックをわかってくれて、前向きに私の申し出を受け止め、代替品を送ると言ってくれました。私はなんていい会社かしら！と、満足して電話を切りました。

あとで二人が交わした会話を振り返り、彼女のすごさにハッとしました。

なんと彼女の発言は、相づち、復唱、質問のみでした。これだけで開封時の様子を詳しく聞き出し、私の「難癖をつけたと思われたら嫌だな」という気持ちをはぎとりました。さらに、彼女は一言も謝罪しませんでした。その是非は別にして、詫びの言葉がなくても、好印象を残せる人がいることに驚きました。会話は次のようなものでした。

私　「ストッキングを袋から出したら、伝線していました。これって不良品でしょ」

応対者　「さようでございますか、伝線していましたか。お客様、詳しくその様子をお聞かせいただけますか」

私　「ストッキングを袋から出したら、つま先の縫い目のところからビ～ッと上に向かってほつれていました」

応対者　「ええ、つま先の縫い目から伝線していたんですね」

私　「新品に穴があいているなんて、ショックです」

応対者　「そうですね。新品に穴があったら驚かれますね。お客様、恐れ入りますが、お買い求めの日にちと、ご利用のお店を教えていただけますか」

彼女はこうして状況を把握したのち、

●今後の商品改良の参考にしたいので、穴があいたストッキングを着払いで送ってほしい

●交換の商品を送りたいがよいか

と言い、最後に「ご連絡ありがとうございました」と電話を切りました。

後日、郵便が届きました。中には迷惑をかけた謝罪と不良品発生の推定原因を書いた手紙、そして新しいストッキングが入っていました。

「相づち」＋「復唱」は、相手から送られてくるネガティブエネルギーの低下に、大きな威力があります。このストッキングメーカーの会話はそれが大成功した事例です。

5-05 成否を分ける間

仕事がら多くの会話を聞いてきた筆者は「会話の成否は間《ま》にある」と、つくづく思います。会話中に2秒ほど間があくと、聞き手が「これから何を言うの?」と、身を乗り出してくるのがはっきりわかります。講演中なら聴衆はメモをとる手をとめて、話し手の顔を見ます。電話でさえもこの空気は伝わってきます。その状態で大切な話をすると、聞き手は真剣に聞いてくれます。

会話は相手とのキャッチボールで、相手の言葉が終わってから、かぶらないように間をとって話すのが基本です。間があきすぎると、私の話が理解できないのかしら?この話が気に入らないのか? と疑われ、間が短すぎると、私の話を聞いていないと判断されます。間は文章でいうと句点や読点《とうてん》で、話し手が言ったことを聞き手が理解して、次の話に入る準備期間です。

しかしネガティブエネルギーを正面から受け止めるときは、間を短めにします。相手がネガティブエネルギーを勢いよく放出しているあいだは、話の句点すべてに、間髪を入れずに「はい」「ええ」と短く相づちを打ちます。
語尾がなく、センテンスが長い話し手に限っては、読点のところどころで少々言葉が重なっても相づちを入れます。

相手が顧客とわかったときは、話に割り込むぐらいの間合いで、元気よく感謝の言葉「いつもご利用くださりありがとうございます」を言います。ネガティブエネルギーで満ちているときにお礼を言われると、2割ぐらいガスが抜けます。その瞬間お客様は素になり、頭を冷やす効果があります。

（例）お客様「おたくのプロバイダーを使っているんだけどさぁ、ちょ……」
応対者「はい、いつもご利用くださりありがとうございます」
お客様「エッ、ア、うん、それで、インターネットをつなげなくて……」

クレーム応対では3秒以上の間は禁止です。1秒はひらがな8文字の長さです。「ご利用くださり」を3回繰り返す長さの間があくと、多くのお客様は応対者へ不安と不快が生まれます。

●自分の申し出内容が、受け入れられないのかという不安

●この応対者に対応する能力があるのかという不安
●ネガティブエネルギーを受け止めてもらえない不快

何を言おうかと迷ったり、考えたりしていると、3秒はすぐに経過します。しかし相手を沈黙の中で待たせるのは避けましょう。お客様は、応対者が発言につまった時点から、この人ではダメだという思いがスタートしますので、場面の転換を図ります。「調べる時間が欲しい」「専門の人間と替わるから待ってほしい」とお願いして、お客様の了解を得ます。

間をあけないようにと、「あの〜」「その〜」などの言葉でつないで、そのあいだに考える人もいますが、これはやめましょう。政治家はよくこれらの「不要伸ばし語」を使いますが、その話を聞いていると、何を言いたいのか聞き手はわからなくなり、話をごまかされた気分になってきます。たとえ内容が正しくても、「不要伸ばし語」は信頼を失います。沈黙が怖いからと、何かしら音を発して間をつなごうというのは間違った考えです。

また語尾を伸ばす話し方も、間を悪くします。

（例）お客様「この入浴剤の臭いが気に入らないので、返品させて」

応対者「開封した入浴剤は返品できませんでぇ〜〜〜〜」

「でぇ〜〜〜」と伸ばすと、「できないけど、代わりに〇〇する」という言葉がこのあとに出てくるかと、お客様は期待します。しかし待っていても何もないと、この空白の間が期待を裏切ったという悪い印象になります。お客様の意に沿えないときは、心苦しさから言葉を伸ばして、あいまいに話を終わらせたくなりますが、お客様はネガティブエネルギーを持って勢いこんできているので、伸ばした言葉へは食い下がります。語尾を短く言ったほうが、早く心苦しさから開放されます。

あいまいな言い方をせずYES、NOは、はっきり伝えましょう。ただしお客様の希望に沿えないときは、衝撃を和らげて伝えるクッション言葉から、話をスタートします。

(例)「ご希望に沿えず申し訳ございませんが、開封後の入浴剤は返品を承ることができません」

協調性が高い人ほどお客様の気持ちを思い、口が重くなったり、お客様の希望に沿えないことを伝えるのに躊躇《ちゅうちょ》して間が長くなったりしがちですが、これは自分の首を絞めますからやめましょう。

会社としてできないことを伝えて、相手に嫌がられ、きつい言葉を浴びせられても、それは応対者個人に向けられたものではありませんから、落ちこまないでください。みなさまの背中にある会社への意見を代表して聞いているのです。意見をいただいたことに感謝し、今後、多くのお客様の要望に沿うためには、会社としてどうしたらよいかを上司と考えていきましょう。

5-06 差がつく技と詫び

ちかごろは応対が上手な人と、そうでない人の差が大きく開いています。お客様相談室や、カスタマーサービスセンターなどに所属している人たちは、勉強の機会があり、周りの環境も整っていますが、手さぐりで応対をしている人たちは、お客様が応対者の環境に関係なく同じレベルの応対を求めるので、苦しい状態だと思います。

さらに社内で単独で応対をしている人は、上司や同僚に苦労をわかってもらえず、クレームは解決してあたりまえの雰囲気は辛いなぁ……と思っていることでしょう。

このように環境が不十分でも、高いレベルにステップアップするには、「クッション言葉と依頼言葉」「謝りの言葉」「名乗りの言葉」「感謝の言葉」の4つのテクニックをマスターしましょう。これらを駆使すると、相手の態度は好意的になります。そして、応対者のモチベーションも自然にアップします。

①クッション言葉と依頼言葉

5章⑮でもお話ししたクッション言葉です。お客様の申し出に沿えないとき、お客様に手数をかけるときに、本論の衝撃を和らげて伝えるのがクッション言葉です。クッション言葉の例を上にまとめましたので、参考にしてください。

クッション言葉

- 恐れ入りますが
- お手数ですが
- あいにくですが
- 申し訳ありませんが
- ご迷惑をおかけいたしますが
- ご足労をかけますが
- お忙しいところ恐縮でございますが
- ご面倒をおかけして申し訳ございませんが

使い方のパターンは次のとおりです。

クッション言葉＋理由＋本論＋依頼言葉

「理由」は、なぜ本論を頼むかの説明です。

「依頼言葉」の基本は、「～していただけますか」です。

「～してください」は命令に聞こえるので、ネガティブエネルギーを溜めている人には、ふさわしくありません。

(例) お手数をかけますが、《クッション言葉》今後の品質管理のために、《理由》縮んだセーターを私どもへお送り《本論》いただけますか。《依頼言葉》

「～していただけますか」と言って断られたときは、「そうですか」といったん受け止めます。次に理由の部分を詳しく話してお客様を説得します。それでも嫌だという人は、それ以上求めると怒らせますので、別の案を提示します。

②謝りの言葉（「ガス抜き応対の4☆謝罪は対象を明確にして行う」）

「あのねぇ、申し訳ないって謝ればいいと思っているの。謝ってすむ話じゃないよ」と、言われたことはありませんか。本題とは別に、謝ることに対してひとしきり小言を言われることがあります。このようなときは謝っている自分の言葉を振り返ってみましょう。「申し訳ありません」だけをひたすら繰り返していませんか。謝りの言葉は対象を明確にしてから「申し訳ありません」と言います。

（例）お客様　「箱を開けたら割れていました」

応対者　「このたびはご迷惑をおかけいたし、申し訳ございません」

詫びの対象を「迷惑をかけたこと」のように明確にすると、謝罪の気持ちが強くお客様に届きます。

謝りの言葉

[対象明確詫び]

・ご心配をおかけしまして申し訳ございません
・ご不快な思いをかけてしまい申し訳ございません
・お手数をおかけしまして申し訳ございません
・ご不便をおかけしまして恐縮でございます
・ご迷惑をおかけしまして申し訳ございません

[申し出を断るとき]

・ご要望にお答えできず、誠に申し訳ございません
・ご期待に沿えず、誠に申し訳ございません
・ご希望に沿えず、誠に申し訳ございません

[お客様に誤解、勘違いがあったとき]

・私どもの説明不足でお客様にご迷惑をおかけいたし、申し訳ございません。お客様のおっしゃることもごもっともでございますが、これは〜
・私どもの確認が不足しておりまして、お客様にご迷惑をおかけして申し訳ございません。お客様がおっしゃることもごもっともでございますが、これは〜

[全面詫び]

・ご指摘の点は、当社のミスでございます。深くお詫びいたします
・私どもの手違いでございました。お詫びの言葉もございません

応対者の目の前で不都合が発生し、事実関係が明白なときはすぐに問題点について全面詫びをします。しかし非が当方にあるのか、お客様にあるのか、客観的事実がわからない段階では、お客様の話を十分に聞いたあとに謝罪対象を明確にして詫びます。「ご迷惑をおかけしたことは、申し訳ございません」と言うと、「他のことはどうなんだ」と突っ込まれますので、「〜ことは」というフレーズは使いません。もしお客様側に問題があるときは、お客様に勘違いや誤解を与えたことを対象にして詫びます。

③名乗りの言葉

ネガティブエネルギーをぶつけてきた人に自分の名前を言うのは少々勇気が要ります。これがきっかけでストーカーされたらどうしようか、有ること無いこと名指しで上層部へ直訴されたら嫌だな、などさまざまな思いが頭に浮かびます。ある日気づくと、お客様のクレームが多いB子さんは、売場で社員証を裏返しにつけていました。きっと彼女は名前を覚えられたくないのでしょう。しかしネガティブエネルギーは、ネガティブな人のところでパワーアップします。ここはしっかり受けて立つ態度を示す意味で名乗りましょう。

クレームの対応がすべて終わったときは、「私○○が承りました」と名乗ります。

応対の最初でも口が挟める状態でしたら、必ず「お客様、私○○がお話をうかがいます」と名乗りましょう。名乗ることは「私が責任を持って対応します」「私が対応しました。この件で問題があれば私へ」と宣言することです。これは相手に信頼感を与えます。怖がらずに行いましょう。社員証の名前がどんなに大きく書かれていても、声に出して名乗ります。特に電話は、顔が見えませんから、忘れずに名乗りましょう。

④感謝の言葉

たとえクレームでもお客様がご意見を寄せてくださったことへの感謝の言葉で応対を締めましょう。どんなに嫌な思いをした相手でも、最後は明るくはっきりした声で、嫌味っぽくならずに「ありがとうございます」と発声します。

感謝の言葉

- このたびは貴重なご意見をいただき、誠にありがとうございました
- わざわざご連絡をいただき、誠にありがとうございます
- お客様のご意見は、社内関係部署に伝え、今後の商品づくり（サービス）の参考にさせていただきます。ありがとうございました

この世に「ありがとう」と言われて嫌がる人はいません。申し出た人もネガティブエネルギーをぶつけたことは十分にわかっていますから、「ありがとう」と言われると、わだかまった気持ちが軽くなります。どんなに揉めようとも、最後は「ありがとう」の言葉で終わりたいものです。

5-07 火に油を注ぐ危険語

これまで折にふれて「危険な言葉」についてお話ししました。それらがお客様のネガティブエネルギーという炎に油を注ぎ、火事にしています。この本も終わりに近づきましたので、それらを整理します。

否定語

【能力否定】 できませんか／わかりませんか／頭悪いな／他にわかる人はいませんか

お客様が思うように反応せず困ったとき、応対者は能力否定語を使いたくなります。しかしお客様の発言や能力を否定する言葉は、相手の自尊心を大きく傷つけます。このようなときは、お客様が「する」「しない」で答えるような投げかけをします。

（鎮火語） ご納得いただけますか／ご了承いただけますか

「納得」「了承」は本人の能力とは関係がない言葉です。

【全拒否】ダメです／それはできかねます

相手の要求が理不尽でも一刀両断に切り捨てません。それでは商売のチャンスが消えてしまいます。「この要求はのめないぞ……」と思ったら、復唱＋質問、で相手の発言の背景を探りましょう。根にあるものがわかると、それに対応できる他の手段を見つけることができます。「○○の希望には沿えないが、××ならできる」の答えは、好印象です。

要求を断るときは、クッション言葉＋受け入れられない理由説明＋謝りの言葉です。

〔鎮火語〕あいにくですが、製造を中止してすでに8年経過しているために部品の用意ができません。ご愛用くださいましたのに、ご希望に沿えず、誠に申し訳ございません

逃げ言葉

【責任転嫁】担当が間違えたみたいです／それは当社の規則で、できません

自分にかかわりがなくても、社内の人間の失敗は、同じ組織の一人として素直に詫びます。お客様が最も求めているのは失敗への対応であり、それがAさんか、Bさんかの責任問題ではありません。それは対応が終わってから、組織内で問題にすること

です。

会社の決まりでお客様の要望に沿えないとき、会社都合で断わると、お客様は応対者を不誠実だと思います。このようなときは、クッション言葉＋お断り＋提案で伝えます。

（鎮火語） 恐縮ですが、返品対応はできかねますので、代替品の発送でご了承いただけますか

【無責任】 担当がいないので、私にはわかりません／よくわからないのですが／一応はやりますが

担当者がいないと伝えたのに、お客様がおかまいなしに用件を言ってくると、「担当でないからわからない」や「代わりに応対してあげている」と、逃げの姿勢や恩着せがましい態度をとりがちです。しかしお客様には応対者個人の思惑は関係ありません。会社の代表として話を聞き、担当者が帰ったら伝えるなどの提案をします。

（鎮火語） 申し訳ございませんが、担当が外出しており○時に戻る予定です。私○○が代わりにお伺いして、担当が帰り次第、お客様へご連絡いたしましてもよろしいですか

【安請け合い】 すぐに行きます／はいできます／そのようにします

お客様に強く出られて、断ることができず、状況がわからない他人の仕事を調子よく受けてしまうと、対応できなかったときはとんでもないことになります。担当者しかわからないことは話の内容のみ承って、担当者からあらためて連絡をすると伝えます。無責任も、安請け合いもいけません。

【言葉なし】 返事をしない／沈黙する／謝らない／引き継ぎ事項を伝えない

「黙って災難が去るのを待つ」は、甘い考えです。これではネガティブパワーは勢力を増して応対者の上に留まります。返事や謝罪は必ずします。

また引き継ぎを怠るとお客様と次の担当者の両方に迷惑をかけます。お客様には、もう一度話をするという手間をかけますし、状況がわからない次の担当者はスムーズな対応ができません。仕事は自分だけでなく、周りの人たちも円滑にできるように気配りをしましょう。

言い方

言葉だけでなく、表現方法によっても火に油を注ぎます。

【自己チュー型】 専門用語ばかりで話す。社内用語で話す

【タメ型】 タメ口をきく。若者だけの流行語を使う。語尾を伸ばす。語尾を上げる

【慣れ型】 クレームに慣れすぎて言葉が軽い、緊迫感がない

お客様はしばしば「こういう問題ってよく起きるの？」と聞きます。たとえそうであっても、軽く「は〜〜い」と答えては、会社の信用を失います。「そういったお話を承ったこともあります」程度に抑えておきましょう。

また「取り替えます」を簡単に言うと、よく壊れて交換ばかりしているのではないかと不信感を招きます。このときはめったにないことを強調するように、低めの声でゆっくり発言して、深刻な様子を出しましょう。

5-08 クレームの辛さを楽しさに変える

相手の言葉に深く傷ついたり、腹が立ったりするのはどんなときですか。飲みすぎた翌日や体調不良、仕事が忙しいときなどがあるでしょう。この他に「あなたの心の柔らかい部分に触れたとき」があります。

腹が立った発言や苦手なクレームを思い返してみると、共通することがあります。自分の能力を侮辱した発言をされた、金切り声で怒鳴られたなど、個人ごとに反応が出る柔らかい部分があります。そこに触れられると、冷静に話ができなくなり、個人の問題として自分の中に取り込んでしまいがちです。

雪が降っているとき木の枝に雪は積もります。この枝がみなさまの柔らかい部分で、雪は腹が立つ言葉や苦手なクレームです。枝は個人によって張り出し方が違います。降り注ぐ雪のほとんどは地面に落ちますが、張り出した枝は雪を受け止めます。枝は乗った雪の重みに苦しめられます。ときには折れることもあるでしょう。

これを防ぐには、金沢兼六園の雪つりのように、自分の心を藁《わら》で被って、藁伝いに雪が落ちていくようにします。藁は、相手の話と自分の間の距離です。一体化せず、離れすぎず、「客観的に、冷静に状況を分析する」を心がけて話を聞きます。相手はネガティブエネルギーが充満していると、ひどい言葉を言ったり、不満を一気に吐き出したりします。これを浴びた人は、ホスピタリティのマインドで相手の〝今ここにある苦痛〟をなくすために、私には何ができるかを客観的に考えましょう。そのためには5章⓪③でお話しした4W1Hのメモ作成に集中しましょう。それでもてあますときは、次の方法を試してみてはいかがでしょうか。

その1　ランク付け

手順1　嫌だ、不快だと思った言葉を専用の手帳に書きとめる
手順2　不快指数を5段階で評価する
手順3　3カ月に1回ぐらいの割合で、ためた言葉のワーストランキングを作成する
手順4　ベスト3は、自分がケンカをするときの暴言に使ってみる

言葉を書き出し、5段階で評価すると、冷静になってきます。また、発言者は問題をかかえているのだなぁ、と客観的な気持ちで受け止めることができます。

ケンカの暴言に使うときは、相手の様子を観察し、自分が受けたダメージとの比較をします。個人によって張っている枝が違うので、ケンカの強烈パンチにはならないかもしれません。

その2　言葉遣いチェック

手順1　相手の話に数多く出る口ぐせを探す　（例）あの～、え～　など
手順2　口ぐせを何回言ったかを数えてみる

これをすると、間違った言葉遣いをチェックする耳の育成につながるので、正しい会話力アップには役立ちますが、ベテランのみにすすめます。なぜなら口ぐせはうつるという副作用があるからです。またこれで話の内容を聞く耳がおろそかになってはいけません。

その3　人物を探る

225ページのお客様状態チェック表を手元に置いて、相手の様子を5段階で評価しながら話を聞きます。相手がわかれば、こちらのものです。

このように点数化すると相手を客観的に分析できるので、ツボにはまった応対が可能になります。たとえば、

口数が多く、会話が速く、感情露出が強いお客様

↓　相づちを多く使い、相手が落ち着くまで、ひたすら話を聞く。

口数が少なく、会話が遅く、感情露出が弱いお客様

↓　共感の言葉と、クローズ型、オープン型の質問で、話を聞きだす。

会話が速く、話がわかりにくいお客様

↓　復唱を繰り返して内容を確認するとともに、こちらの会話のスピードに巻き込む。

自己主張が強く、社会正義感が強いお客様

↓　語尾を神妙に下げ、低い声で重々しくハキハキ話す。

またこれらの人物チェックは引き継ぎにも役立ちます。担当が変わってもすぐに自分に合った応対をしてもらえると、相手は好印象を持ちます。

お客様状態チェック表

	評価	コメント
口数の多さ	多い ┼─┼─ 普通 ┼─┼─ 少ない	
感情露出度	強い ┼─┼─ 普通 ┼─┼─ 弱い	
会話のスピード	速い ┼─┼─ 普通 ┼─┼─ 遅い	
専門知識の高さ	高い ┼─┼─ 普通 ┼─┼─ 低い	
自己主張の強さ	強い ┼─┼─ 普通 ┼─┼─ 弱い	
粘り強さ	強い ┼─┼─ 普通 ┼─┼─ 弱い	
話のわかりやすさ	わかる ┼─┼─ 普通 ┼─┼─ 不明	
社会正義感	強い ┼─┼─ 普通 ┼─┼─ 弱い	

本書は二〇〇五年六月に日本経済新聞社より刊行した
同名書に加筆、修正し文庫化したものです。

日経ビジネス人文庫

その話《はな》し方《かた》が
クレームを生《う》む

2009年7月1日 第1刷発行

著者
小林作都子
こばやし・さとこ

発行者
羽土 力
発行所
日本経済新聞出版社
東京都千代田区大手町1-9-5 〒100-8066
電話(03)3270-0251 http://www.nikkeibook.com/
ブックデザイン
鈴木成一デザイン室
西村真紀子(albireo)
印刷・製本
凸版印刷

Printed in Japan ISBN978-4-532-19502-1

会社のしくみがわかる本

野田 稔・浜田正幸

経営の基本、会社数字の読み方、人事制度の仕組みなど、新入社員が持つ素朴な疑問を、対話形式で易しく解説。中堅社員にもお勧め。

ここから会社は変わり始めた

柴田昌治=編著

組織の変革は何から仕掛け、どうキーマンを動かせばいいのか。事例から処方箋を提供する風土改革シリーズの実践ノウハウ編。

マンガでわかる良い店悪い店の法則

馬渕 哲・南條 恵

店員がさぼると客は来ないが、やる気を出すともっと来ない。店員と客の動きと心理から、繁盛店、衰退店の分かれ目が見えてくる。

会社を変える人の「味方のつくり方」

柴田昌治

120%の力を発揮し続ける組織は何が違うのか？ 信頼できる上司や同僚、部下を味方に、改革を推進する中堅世代の生きざまを提示。

マンガでわかるお客様が感動するサービス

馬渕 哲・南條 恵

人の動きに着目する人気コンビが飲食店、旅館、銀行、駐車場、バスなど、サービス業の現場事例をもとに誰もが喜ぶ接客技法を伝授。

柴田昌治の変革する哲学

柴田昌治

独自の企業風土改革論で脚光を浴びる著者最新の「日本的変革」の方法。コア社員をネットワークして会社を劇的に変える実践哲学。

林文子 すべては「ありがとう」から始まる

林 文子＝監修
岩崎由美

経営者の仕事は社員を幸せにすること――ダイエー林文子会長が実践する「みんなを元気にする」ポジティブ・コミュニケーション術！

キヤノン式

日本経済新聞社＝編

欧米流の実力主義を徹底する一方、終身雇用を維持するなど異彩を放つキヤノン。その高収益の原動力を徹底取材したノンフィクション。

中村邦夫「幸之助神話」を壊した男

森 一夫

Ｖ字回復を実現し「勝ち組」となった今、中村会長は松下をどこへ導こうとしているのか。日経記者が同社再生の道筋を詳細にたどる。

武田「成果主義」の成功法則

柳下公一

わかりやすい人事が会社を変える――。人事改革の成功例として有名な武田薬品工業の元人事責任者が成果主義導入の要諦を語る。

そのヒット、ワケあり

日本経済新聞社＝編

密かに牛乳宅配が復活、食卓に骨なし魚が増えてきた、ＪＲ料金の方が私鉄より安い？ 街で見つけた消費・サービスの面白ネタ満載。

HIS 机二つ、電話一本からの冒険

澤田秀雄

たった一人で事業を起こし、競争の激しい旅行業界を勝ち抜き、航空会社、証券、銀行と挑み続ける元祖ベンチャー。その成功の秘密とは――。

名作コピーに学ぶ 読ませる文章の書き方

鈴木康之

「メガネは、涙をながせません」(金鳳堂)、「太ければ濃く見える」(資生堂)——。名作コピーを手本に、文章の書き方を指南する。

伊勢丹な人々

川島蓉子

ファッションビジネスの最前線を取材する著者が人気百貨店・伊勢丹の舞台裏を緻密に描く。伊勢丹・三越の経営統合後の行方も加筆

マンガ版 「できると言われる」ビジネスマナーの基本

橋本保雄

これさえできれば、社会人として「合格」! 挨拶、言葉遣いから電話の応対、接客まで、楽しいマンガとともにプロが教えます。

ビームス戦略

川島蓉子

セレクトショップの老舗ビームス。創業30年を越えてなお顧客を引きつける秘密は? ファン必読! ファッションビジネスが見える!

そのバイト語はやめなさい プロが教える社会人の正しい話し方

小林作都子

「1000円からお預かりします」「資料をお送りさせていただきました」——。変なバイト語を指摘し、正しいビジネス対応語を示す。

売り上げがドカンとあがるキャッチコピーの作り方

竹内謙礼

売れるコピーはセンスではない! ネット通販で1億円以上売る著者が、そのノウハウを教えます。売れるキャッチコピー語彙辞典付き。

ゴルフの達人

夏坂 健

ゴルフというゲームはきわめて人間的なものである――様々なエピソードを通してその魅力を浮き彫りにする味わい深い連作エッセイ。

読むだけでさらに10打縮まるゴルフ集中術

市村操一

理想ショットの刷り込み、呼吸法による集中力強化術、古武道を応用した素振り練習法――など、「心のゲーム」を制する技術を紹介。

ゴルフを以って人を観ん

夏坂 健

ゴルフ・エッセイストとして名高い著者が、各界のゴルフ好き36人とラウンドしながら引き出した唸らせる話、笑える話、恐い話。

振るだけで10打縮まる「ぴったりクラブ」の選び方

山口信吾

あなたが上達しないのはクラブのせいだ！『サラリーマンが2年でシングル』の著者が試行錯誤で体得したクラブ選びのコツを初公開。

騎士たちの一番ホール

夏坂 健

「ゴルファーとは、打つ前に自分のハンディの数だけモノを考える不思議な生き物である」。有名人の名言とともに綴るゴルフエッセイ集。

中野孝次 中国古典の読み方

中野孝次

人間の知恵の結晶・中国古典。著者が老年に最も愛好した中国古典の味わい深い魅力を中野流人生論として縦横に語る。

遊牧民から見た世界史

杉山正明

歴史常識を覆す！ スキタイから匈奴、テュルク、モンゴル帝国まで、膨大な原典史料をもとに草原の民の視点で世界史を描く傑作。

人は何を遺せるのか

中野孝次

お金では買えないもの、遺すに足るものとは何かを独断と偏見で考察。プリンシプルと気骨のある生き方をすすめる異色の生きがい論。

モンゴルが世界史を覆す

杉山正明

モンゴルは、実は「戦わない軍隊」だった――。モンゴル帝国は世界と日本に何をもたらしたのか。あなたの常識を問う歴史読み物。

江戸の繁盛しぐさ

越川禮子

互いの傘を外側に傾けてすれ違う「傘かしげ」など、江戸の商人たちが築き上げた「気持ちよく生きるための知恵」を満載！

東京タワー 50年

鮫島 敦

前田久吉の巨大電波塔計画、世紀の大工事――。50周年を迎える東京タワーの裏方たちの物語を開業当初からの写真とともに伝える。

数学はこんなに面白い

岡部恒治

ユニークな問題を取り上げながら、数学的思考法の面白さをわかりやすく解説。数学は頭の訓練にもなり、あなたの発想も豊かに!

般若心経入門

ひろさちや

わずか262文字の教典にはいったい何が書かれているのか。明日を生きるためのヒントをわかりやすく説いた、絶妙の人生案内!

考える力をつける数学の本

岡部恒治

「トイレットペーパーの長さを測るには?」「星形多角形の内角の和は?」。見方を変えれば意外と簡単。思考力養成のための数学。

四字熟語の知恵

ひろさちや

『論語』や『阿弥陀経』などから選んだ121の四字熟語を、逆境・錬磨・処世・決断の4つの局面に分けて「生き方の極意」を説く。

「数」の日本史

伊達宗行

「ひい、ふう、みい」はいつ頃から「いち、に、さん」に変わったのか?縄文から現代まで、日本の数文化を描く知的冒険の書。

「論語」生き方のヒント

ひろさちや

日本人よ、奴隷の生き方を捨てよ!「論語」を庶民の立場から読み直すと、珠玉の智慧に溢れている。人間通になるための50話。

歴史からの発想

堺屋太一

超高度成長期「戦国時代」を題材に、「進歩と発展」の後に来る「停滞と拘束」からいかに脱するかを示唆した堺屋史観の傑作。

こころの健康学

大野 裕

仕事がうまく進まない、人間関係に悩んでいる——。そんな悩みにやさしくアドバイス。読めば気持ちが楽になる、こころの処方箋。

油断!

堺屋太一

ある日、突然、石油が断たれた。なすすべもなく崩壊していく日本。原油高、テロ、天災が相次ぐ今、30年ぶりに復刊する警世の物語。

養老孟司 ガクモンの壁

日経サイエンス=編

人間はどこからきたのか、生命とは、こころとは? 生科学から考古学まで、博覧強記の養老先生と第一線科学者による面白対談。

これからの十年 日本大好機

堺屋太一

団塊世代の定年開始。これからの千日で日本は決定的に変わる。「70歳まで働くことを選べる社会」を提唱する画期的シニア論。

感染症列島

日本経済新聞科学技術部=編

ペットを介した細菌感染、出現迫る新型インフルエンザなど、急速に拡がりつつある感染症。その知識と対策をやさしく紹介。

英語の話せるボスになる

河谷隆司

「英語で話すと意図が伝わりにくい」と悩んでいませんか？ 外国人社員とスムーズに仕事を進めるために、使えるフレーズ満載。

エキスペリエンツ7 団塊の7人 上·下

堺屋太一

消滅の危機迫る駅前商店街を救うべく、7人のエキスペリエンツ（経験あふれる者）が起ち上がる！ 団塊世代の今後を描く熱闘物語。

俺たちのR25時代

R25編集部=編

頂点を知る男たちは、何につまずき、何を考えていたのか。芸能人、スポーツ選手、作家など26人の「つきぬけた瞬間」をインタビューする。

ビジネス版 これが英語で言えますか

ディビッド·A·セイン

「減収減益」「翌月払い」「著作権侵害」など、言えそうで言えない英語表現やビジネスでよく使われる慣用句をイラスト入りで紹介。

大人力がさりげなく身につく R25的ブックナビ

R25編集部=編

仕事でつまずいたとき。知性あふれる素敵な大人になりたいとき。あなたの期待に応える1冊に出会えます。R25の好評連載を文庫化。

電車で覚える ビジネス英文作成術

藤沢晃治

ベストセラー『「分かりやすい表現」の技術』の手法を使って、英文表現力はもちろん、英会話力や日本語の文章力まで身に付くお得な1冊。

中学受験で子供と遊ぼう［増補版］

高橋秀樹・牧嶋博子

お笑い放送作家が長男の中学受験を決意！　これが奥深いのに驚愕。塾選びから受験当日まで、家族の絆も強まった泣き笑いの日々。

「美の国」日本をつくる

川勝平太

歴史家だからこそ見える日本の問題を一刀両断！　グローバル時代に必要な発想とは何かを真摯に問う、明日を考えるための文明論。

父と子の約束

渡邉美樹

父親は子供の「夢の伴走者」たれ！二児の父であり、経営者の枠を超え、教育、福祉に挑みつづける渡邉美樹が語る「新・父親論」。

その日本語は間違いです

神辺四郎

「汚名を挽回する」――実はこれは誤用です。決まり文句から諺・格言・漢字の書き間違いまで、これだけ覚えればビジネスマン合格。

親子コーチング　自ら学ぶ子の育て方

本間正人・國弘隆子

「勉強しなさい」は逆効果。ほんの数分の会話で、子どもの自発性を引き出し、いきいきとした毎日を送らせるコーチング術を紹介。

宮里流　ゴルフ子育て法

宮里 優

「夢を持て、誇りを持て、努力せよ」。聖志、優作、藍――三人の子供たちをプロに育てた父親が自ら明らかにした感動の教育論。